〔第3版〕
現代物流の基礎

森 隆行 著

同文舘出版

第3版刊行にあたって

　ここ数年，世界の政治・経済は過去にないほど大きく変化している。2016年6月，英国では国民投票の結果EUからの離脱が決まった。2017年1月には多くの予想を裏切って米国でトランプ政権が誕生した。朝鮮半島の緊張も続いている。このように政治面では，大きく揺れ動いている，一方，経済面では，2015年末ASEAN（東南アジア諸国連合）はAEC（ASEAN経済共同体・ASEAN Economic Community）を発足させた。2013年以降，米国経済が回復に向かい，ギリシャに端を発した債務危機により長引いていた欧州の景気低迷も回復に向かって動きだした。2014年ころには先進国経済の回復を背景に新興国の経済も回復に向い，中国の成長の鈍化はあるものの東南アジアやインドの経済は堅調に推移している。こうした新興国は，従来の清算・輸出基地としてだけではなく，消費市場としても注目を集めている。物流は，企業のグローバルな事業活動を支えるだけでなく，国内や地域内の配送への需要も拡大しており，物流の役割がますます重要になっている。

　日本では，通信販売の市場拡大を受けて宅配需要が急拡大したためトラックドライバーの不足が社会問題化している。労働者不足はトラック業界だけではく，内航海運や倉庫などあらゆる場面で見られる現象である。物流業界でも，アマゾンやニトリに見られるように倉庫内作業にロボットを導入するケースが増えている。AI（人工知能）やIoT（Internet of Things）などの新しい技術が，物流の現場を支えている。また，AIやIoTなどのIT技術を利用した新たなビジネスが続々と誕生している。そのビジネスを支えているのが物流である。そのため，現代の企業活動においては，サプライチェーンロジスティクスや3PL（Third Party Logistics）などの概念がますます重要になっている。

　社会が変化し，企業の戦略が大きく変わる時期，変化の時期にこそ物流が必要とされる。「物流を制する者が市場を制する」ということで，今後ますます物

流の役割が重要になってくる。あらゆる局面において物流の知識が役に立つことは間違いない。物流は，製造業や流通だけのものではなくあらゆる産業において物流の知識は必要であり必ず役に立つ。本書が，すこしでも読者の役に立つことを望むものである。

　本書では，多くの統計数字・データを掲載している。今回の改版にあたり，データを最新のものに置き換えた。また，産業構造の変化とその動向に対応する物流・物流業界について加筆あるいは修正を行った。

2018年2月吉日

森　隆行

《追》　文中にある用語で，右上に＊を付した太文字の用語は，巻末付録の「物流用語集」にも掲載されているので，併せて読まれることをお薦めします。

改訂にあたって

　2007年の初版発行から6年が過ぎ，その間に世界の情勢も大きく動いた。リーマンショックを契機にした世界経済の停滞，経済の回復が見えた矢先のギリシャ債務危機による再びの景気減速。しかし，そうした状況下においてもアジアをはじめとする新興国の回復は力強いものがあり，これらの新興国の経済が世界経済を支えているともいえる状況である。中国は，デモや人件費の上昇などマイナス面が目立ち，経済成長は鈍化の兆しが見える。このように大きく世界情勢が変わり，内外の物流業界にも大きな変化がある。「現代物流の基礎」も，データのみならず内容においても陳腐化が気になるところである。そこで，今回，データを最新のものに更新するのみならず，サプライチェーン・マネジメント（SCM）の項目などの内容にも加筆修正を加え，現代の物流事情をよりよく理解できるように心がけた。第Ⅰ部の総論編には，アジアの物流事情についても書き加えた。アジアに進出する企業が相次いでいる。特に，最近の特徴は，従来のように製造業中心でなく，流通，飲食あるいはサービス業といったいわゆる内需型産業の進出である。こうした動向に伴い，物流事業者の海外事業展開にも変化が出ている。これまでのような貿易物流中心ではなく，現地での在庫管理や地域内配送のネットワークつくりなど，明らかに従来と違うサービスの構築が求められている。こうした状況の変化も本書から読みとっていただきたい。

　日本経済は，1990年代のバブル崩壊以来，失われた20年といわれるように長い景気後退局面にあった。そうした情勢を背景に，1990年の湾岸戦争を契機にロジスティクスに注目が集まり，その後もITの発達に助けられ，SCM，3 PL（Third Party Logistics）など次々に新しい概念が導入され，物流は進化し続けてきた。ある意味，物流は経済，企業経営の逆境の時，言い換えれば変化の時代にこそ求められ，その真価を発揮するともいえる。先述の通り，製造業だ

けでなく，あらゆる産業において拡大するアジアをはじめとする新興市場に軸足を移そうとしているように見える。新市場での企業活動を支えるのは物流である。物流を制する者が市場を制する。企業の戦略が大きく変わる時期，変化の時期にこそ物流が必要とされるのである。今後ますます物流の役割が重要になってくる。あらゆる局面において物流の知識が役に立つことは間違いない。本書が，すこしでも読者の役に立つことを望むものである。

　2013年7月吉日

森　　隆行

はしがき

　エジプトのピラミッドを作るには，石を切り出し運ばなければならなかった。この運ぶ技術が，物流の1つの機能である。運ぶ技術，つまり物流を考えなければピラミッドはできなかった。また，ローマが大帝国として遠くはドーバー海峡を越え，英国にまで影響を及ぼすことができたのは何故か。彼らが，しっかりした物流を構築したからである。ライン川を利用したのはもちろんだが，ローマ人は道路もしっかりと作った。その遺跡がいまも，ヨーロッパのあちこちに残っている。建設した道路を使って物資を輸送し，要所ごとに城壁をつくった。

　日本においても，縄文時代にすでに輸送や保管が行われていたことが，青森県の三内丸山遺跡からわかっている。長野県産の黒曜石の石器が，この遺跡から発見された。このことから，日本海沿岸に沿った交易ルートがあったと考えられている。集落跡の貯蔵穴は，明らかに物を保管するためのものである。

　弥生時代の遺跡として有名な佐賀県にある吉野ヶ里遺跡にも，高床式倉庫が多く残されている。この時代には，沖縄から北九州にゴホウラ，イモガイといった装飾用の大型巻貝が輸送されている。この大型巻貝は北海道でも発見されており，弥生時代にすでに沖縄から北九州を通って北海道に至る交易ルートが存在していたことがわかる。この交易ルートが，「貝の道」と呼ばれているものだ。南九州には，大型巻貝の中継地があったこともわかっている。物流とは，「生産と消費の間の時間的，空間的隔たりを埋める経済活動」である。つまり，輸送とか保管がその役割の中心であり，縄文時代にも保管や輸送が行われており，弥生時代にはすでに本格的な物流機能が発達していたと考えられる。

　物流は，社会インフラとして欠くことのできないものである。今日の豊かな生活を支えているのは物流であり，物流が機能をしなければ現代社会そのものが機能を失うといっても過言ではない。BRIC'sはじめ，多くの発展途上国が

経済発展を目指し，工業化を推進しているが，その際のボトルネックが物流インフラの欠如である。また，ミクロ経済で見てみても，厳しい競争環境にある企業の競争と差別化戦略を支えるキーワードが物流である。このように，経済，社会，そして企業経営において物流なくして成り立たないのが現代社会である。物流の理解と知識が，日々の生活やビジネスに必要とされる機会が，今後はますます増えるだろう。しかしながら，物流を理解し，正しい物流知識を持つ人は多くない。物流は決して難しいものではない。また，一部の専門家だけのものでもない物流は，常に身近にある存在である。その意味で，企業で物流に携わる専門家だけでなく，多くの人に物流について知って欲しい。また，物流の知識を，生活やビジネスの場で生かせていただきたい。そのことに，本書がお役に立つことがあれば望外の喜びである。

2007年9月

森　隆行

目　次

第3版刊行にあたって ──────────────── (1)
改訂にあたって ───────────────── (3)
はしがき ─────────────────── (5)

第Ⅰ部　総　論

第1章　日本の物流業界 ──────────── 3

1　日本の物流産業市場とその構成 …………………………… 3
2　国内貨物輸送概要 …………………………………………… 4
3　国内主要物流産業の現状 …………………………………… 6
　3-1　陸運・トラック業界　*6*
　3-2　内航海運業界　*8*
　3-3　鉄道貨物業界　*9*
　3-4　倉庫業界　*10*

第2章　物流とロジスティクス ─────────── 12

1　物流とロジスティクス ……………………………………… 12
　1-1　物流の定義　*12*
　1-2　ロジスティクスの定義　*13*
2　物流機能 ……………………………………………………… 14
3　物流サービスの概念と特徴 ………………………………… 16
　3-1　無形財，即時財　*16*
　3-2　物流サービスの生産要素　*16*

　　　　3-3　その他の特徴　*17*
　　4　ロジスティクスの範囲 …………………………………… *17*
　　5　サプライチェーン・マネジメント ……………………… *18*
　　　　5-1　SCMの定義　*19*
　　　　5-2　SCMの歴史　*20*
　　　　5-3　SCMの特徴　*21*
　　6　物流，ロジスティクス，SCM，マーケティングの関係 …… *22*
　　7　ロジスティクス・ネットワーク ………………………… *23*
　　　　7-1　物流ネットワーク　*23*
　　　　7-2　物流の3構成要素　*24*
　　　　7-3　物流ネットワークの考え方　*25*
　　　　7-4　物流拠点配置戦略　*26*
　　　　7-5　物流ネットワークの型　*27*
　　8　ロジスティクスの歴史 ……………………………………… *29*
　　　　8-1　米国におけるロジスティクスの歴史　*29*
　　　　8-2　日本におけるロジスティクスの歴史的発展過程とその背景　*31*

第3章　物流アウトソーシングと3PL ―――――― 35

　　1　物流アウトソーシング …………………………………… *35*
　　2　3PLとその定義 …………………………………………… *36*
　　3　3PL誕生とその背景 ……………………………………… *37*
　　　　3-1　米　　国　*37*
　　　　3-2　欧　　州　*37*
　　　　3-3　日　　本　*38*
　　　　3-4　中　　国　*38*
　　　　3-5　東南アジア　*39*
　　4　3PLの業務内容 …………………………………………… *40*

第4章　日本の物流規制緩和 ――――――――――― 42

第5章　最近の物流と物流業界の動向 ── 45

 1　日本の物流業界の動向 ………………………………………… 45
 2　アジアの物流とその動向 ……………………………………… 46

第Ⅱ部　各　　論

第6章　陸運・トラック業 ── 55

 1　トラック運送事業の形態 ……………………………………… 55
  1−1　自家用トラックと営業用トラック　*55*
  1−2　トラック運送事業の事業形態　*56*
 2　「物流二法」と「物流三法」 …………………………………… 58
 3　トラック運送事業の歴史 ……………………………………… 59
  3−1　戦　　前　*60*
  3−2　1945(昭和20)年代・1955(昭和30)年代　*60*
  3−3　1965(昭和40)年代　*61*
  3−4　1975(昭和50)年代・1985(昭和60)年代　*63*
  3−5　1990(平成2)年〜　*63*
 4　一般トラック事業 ……………………………………………… 65
  4−1　一般トラック事業概況　*65*
  4−2　一般トラック事業の特徴　*67*
 5　特別積み合せ事業 ……………………………………………… 68
 6　宅　配　便 ……………………………………………………… 69
  6−1　宅配便の定義　*69*
  6−2　宅配便の歴史(創成期)　*70*
  6−3　宅配便事業者と市場規模　*71*
  6−4　将来の宅配便事業　*72*
  6−5　メール便　*72*
 7　トラック運送事業の課題 ……………………………………… 73

  7 - 1　労働集約型産業としてのトラック事業と労働力不足　*73*
  7 - 2　エネルギー・環境問題　*74*
  7 - 3　道路混雑問題と効率化と安全　*74*
  7 - 4　過当競争体質と対荷主の力の弱さ　*76*

第7章　鉄　　道 ──────────── 78

 1　鉄道貨物輸送の始まり ……………………………………… 78
 2　鉄道貨物輸送の歴史 ………………………………………… 78
 3　鉄道貨物輸送の現状 ………………………………………… 80
 4　日本貨物鉄道株式会社(JR貨物) …………………………… 82
 5　鉄道貨物輸送方法 …………………………………………… 84
  5 - 1　コンテナ輸送　*84*
  5 - 2　車扱輸送　*85*
 6　国際物流への取り組み ……………………………………… 85

第8章　倉　庫　業 ──────────── 87

 1　倉庫と倉庫業 ………………………………………………… 87
 2　倉庫の種類 …………………………………………………… 88
 3　倉庫業の現状 ………………………………………………… 90
 4　倉庫業の変遷 ………………………………………………… 92
  4 - 1　明治時代　*92*
  4 - 2　大正時代　*92*
  4 - 3　昭和初期～第2次世界大戦　*93*
  4 - 4　戦後・1955(昭和30)年代　*93*
  4 - 5　1965(昭和40)～1985(昭和60)年代　*93*
  4 - 6　1989(平成元)年～現在　*94*
 5　倉庫内業務 …………………………………………………… 94
 6　倉庫業の動向と課題 ………………………………………… 95

第9章　内航海運業 ── 98

1　内航海運の定義 …………………………………… 98
2　内航海運の現状 …………………………………… 98
3　内航海運の分類 …………………………………… 100
4　内航海運事業者の種類 …………………………… 101
5　内航二法と船腹調整事業 ………………………… 102
　5－1　内航二法　*102*
　5－2　船腹調整事業　*103*
6　内航海運の抱える問題 …………………………… 105
　6－1　規制緩和と環境規制　*105*
　6－2　燃料費高騰　*106*
　6－3　船員不足　*107*
　6－4　船齢の高齢化問題　*107*
　6－5　モーダルシフト　*107*

第10章　外航海運業 ── 109

1　グローバルな企業活動とインフラとしての外航海運 ……… 109
2　世界貿易と海上荷動き …………………………… 110
3　日本の貿易と外航海運 …………………………… 111
4　船の種類と船腹量 ………………………………… 112
5　定期船と不定期船 ………………………………… 113
6　日本の外航海運企業の現状 ……………………… 115
7　仕組船の増大と日本人船員の減少 ……………… 120
8　中国経済の拡大が外航海運へ及ぼす影響 ……… 122
9　外航海運の課題 …………………………………… 123

第11章　航空業界 ── 130

1　航空貨物輸送の現状 ……………………………… 130
2　航空貨物輸送の形態と仕組み …………………… 130
3　航空貨物輸送の流れ ……………………………… 131

        4　航空運送事業と利用航空運送事業 ………………………… 133
        5　航空貨物輸送の歴史 ……………………………………… 133
        6　「5つの自由」とシカゴ体制 ……………………………… 134
        7　日本の航空事業の変遷・規制と自由化 ………………… 135

第12章　フォワーダー ──────────────── 138

        1　フォワーダーとは ………………………………………… 138
        2　フォワーダーの機能 ……………………………………… 139
            2-1　基本的機能　*139*
            2-2　付帯的業務　*139*
        3　日本のフォワーダーに関する法制度の変遷 …………… 140
            3-1　貨物運送取扱事業法　*140*
            3-2　貨物利用運送事業法　*141*
        4　航空フォワーダー ………………………………………… 141
        5　外航海運フォワーダー …………………………………… 144
        6　フォワーダーの意義 ……………………………………… 145

第13章　港湾・ターミナル業界 ─────────── 146

        1　港　　湾 …………………………………………………… 146
        2　港湾運送事業 ……………………………………………… 148
            2-1　港湾産業と港湾運送事業　*148*
            2-2　港湾運送事業法　*148*
        3　コンテナ・ターミナルの運営 …………………………… 149
        4　世界のコンテナ・ターミナルの現状 …………………… 150
            4-1　世界のコンテナ・ターミナル業界の現状　*150*
            4-2　グローバル・ターミナルオペレーターの分類　*152*
            4-3　コンテナ・ターミナルオペレーターの寡占化の進展　*154*
        5　日本のコンテナ港とコンテナ・ターミナル …………… 156
            5-1　日本港湾を取り巻く環境変化　*156*
            5-2　日本港湾の現状　*156*

5-3　日本港湾の国際競争力回復への取り組み・スーパー中枢港湾構想　*158*
　　5-4　日本港湾の課題　*160*

第14章　国際宅配便業界とインテグレーター ────── 162

　1　国際宅配便 ………………………………………………… 162
　2　インテグレーター ………………………………………… 163
　　2-1　インテグレーターの定義　*163*
　　2-2　インテグレーターの誕生　*164*
　　2-3　インテグレーターと郵便　*165*
　3　航空貨物アライアンス …………………………………… 165
　4　世界の主要インテグレーター …………………………… 167
　　4-1　フェデックス　*167*
　　4-2　UPS　*168*
　　4-3　ドイツポスト・DHL　*169*
　　4-4　オランダポスト・TNT　*170*
　5　日本版インテグレーターへの挑戦 ……………………… 172

第15章　3PL業界 ─────────────────── 174

　1　3PLの市場規模 …………………………………………… 174
　2　3PL事業者 ………………………………………………… 174
　　2-1　3PL事業者　*174*
　　2-2　3PL事業者に必要とされる能力　*176*
　3　3PLのメリットとデメリット …………………………… 177
　4　3PL事業者の物流受託時の留意点 ……………………… 178
　5　日本の3PL事業 …………………………………………… 179
　　5-1　日本における3PL事業の阻害要因　*179*
　　5-2　日本型3PLにおける物流子会社の存在　*180*
　　5-3　日本型3PLの今後の発展　*181*

付録　物流用語集 ―――――――――――――――― 183

参考文献 ――――――――――――――――――― 199

あとがき ――――――――――――――――――― 201

和文索引 ――――――――――――――――――― 203

欧文索引 ――――――――――――――――――― 206

第 I 部

総　論

第1章 日本の物流業界

1 日本の物流産業市場とその構成

　日本の物流産業市場と業界を概観する(表1-1)。日本の物流市場は，トラック輸送や倉庫など異なる業界の集合体である。2015年度のデータでみると，物流に携わる事業者数75,019社，そこで働く従業員の数は，216万人に及ぶ。具体的には，トラック及びトラックターミナル，鉄道，倉庫，内航・外航海運，港湾，航空と陸海空の利用運送業で構成される。外航海運は輸出入貨物を扱うものであるが，日本の外航海運企業の集合体として日本に外航海運業界があり，これらは日本の物流産業の一部である。また，物流産業市場としては，物流そのものを事業として営む企業の集合体としての産業とその市場を指す。よ

(表1-1)　日本の物流産業の概要(2015年度)

業界区分	営業収入 (億円)	事業者数	従業員数 (千人)	中小企業割合 (％)
トラック輸送業	145,449	62,176	1,880	99.9
JR貨物	1,363	1	6	−
内航海運業	8,370	3,510	68	99.6
外航海運業	47,561	194	7	53.3
港湾運送業	10,736	868	51	88.5
航空貨物運送事業	3,028	21	35	23.8
鉄道利用運送事業	2,970	1,090	7	87.2
外航利用運送事業	4,623	911	5	78.8
航空利用運送事業	4,975	195	13	66.0
倉庫業	16,587	6,037	89	91.7
トラックターミナル業	283	16	1	93.8
合　計	245,945	75,019	2,162	−

＊一般混載扱い事業者のみを対象とした。

　注：中小企業は，団体従業員300人未満，資本金3億円未満。
　出所：(一社)日本物流団体連合会〔2017〕131頁。

って，製造業による自家輸送は一般的に物流市場を構成するものであるが，事業としての輸送でないという意味から，ここでいう物流産業市場からは除いた。

　日本の物流産業を合計すると，およそ24.6兆円になる。これは，電機や自動車産業には及ばないが，鉄鋼産業（11兆円）や石油産業（10兆円）の規模を上回るものである。中でも，トラック運送業の営業収入は，約14兆5千億円であり，物流産業全体の59％を占める。従業員数では188万人，全体の87％である。トラック運送業が日本の物流産業の中心的役割を果たしていることがわかる（前頁の表1-1）。同時に，トラック運送業が労働集約型産業であり中小企業が圧倒的に多いという特徴を見出すことができる。このことは，外航海運や航空産業を除いて，物流産業全般に当てはまることである。トラック業界以外で1兆円の規模を超えるのは，外航海運を除くと，港湾，倉庫がある。

2　国内貨物輸送概要

　国内貨物輸送を2017年度のデータで輸送機関別に見ると，輸送トン数では自動車（トラック）輸送が約43億トンで全体の91.3％を占める。輸送の面からも，日本の国内物流の中心はトラック輸送であることがわかる。次に，内航海運が7.8％，鉄道が0.9％である。航空貨物輸送は0.1％に満たない（表1-2）。

　輸送数量に距離を加味した輸送トンキロ＊（トン数×輸送距離であらわした仕事量の単位）で見ると，トラック輸送が大半を占めることに変わりはないが，その割合は50.2％まで落ちる。一方，内航海運が44.3％，鉄道が5.3％とその比率が上がる（表1-3）。これは，一般にトラック輸送が比較的短距離輸送が多いのに対して，内航海運や鉄道は中長距離輸送が多いためである。平均輸送距離は自動車の48キロメートルに対し，それぞれ内航海運492キロメートル，鉄道500キロメートル，航空1,100キロメートルである（図1-1）。それぞれ輸送機関によって，特徴がある。例えば，トラックは小回りが利くことから短距離・小ロット輸送に向いている。内航海運は大量輸送が可能であるが，輸送時間が長いといった例が挙げられる。輸送機関別の特徴を，6頁の表1-4にまとめた。

(表1-2) 輸送機関別国内輸送トン数(2015年度)

輸送機関	輸送トン数(百万トン)	シェア(%)
鉄　道	43	0.9
自動車	4,289	91.3
内航海運	365	7.8
航　空	1	0.0
合　計	4,698	100.0

出所：(一社)日本物流団体連合会〔2017〕6頁。

(表1-3) 輸送機関別国内輸送トンキロ(2015年度)

輸送機関	輸送トン数(億トン)	シェア(%)
鉄　道	215	5.3
自動車	2,043	50.2
内航海運	1,804	44.3
航　空	11	0.2
合　計	4,073	100.0

出所：(一社)日本物流団体連合会〔2017〕8頁。

(図1-1) 輸送機関別平均輸送距離

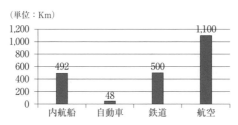

出所：(一社)日本物流団体連合会〔2017〕データを基に作成。

　次に，日本の国内物流に関連の深い主な業種であるトラック，内航海運，鉄道，倉庫について，その概要を解説する。

（表1-4） 輸送機関別特徴

	トラック	鉄 道	内航海運	航 空
特 色	小回りが利く。小口多頻度輸送に適す。	中・長距離の輸送に適する。定時性がある。	大量輸送が可能。重量・嵩貨物に適す。	高速性がある。
流動ロット（1件当たりの貨物輸送単位）	2.05トン	16.80トン	188.85トン	0.03トン
平均輸送トン数（1件当たり）	1トン未満 80％弱	3～7トン 73.6％	10トン以上 40.3％ 100トン以上 21.9％	10kg未満 65.2％
その他	大量輸送に適さない。環境問題，交通渋滞がある。	積替・集配に時間を要す。場所が限定される。	輸送時間がかかる。天候に左右される。	高運賃

出所：筆者作成。

3　国内主要物流産業の現状

3－1　陸運・トラック業界

　陸運・トラック業界は，物流産業の中で最大の業界である。営業収入は，物流業界全体の半分以上を占める。2017年度における事業者数は62,176社，そこで働く従業員は188万人にのぼる。また国内貨物輸送量は，トン数で43億トン，トンキロでは2,043億トンキロである。輸送機関別にみると，トン数で91.3％，トンキロでは50.2％がトラック輸送の割合である。

　トラック輸送は，自家輸送と営業輸送があり，その比率は自家輸送が輸送トン数で32.2％，輸送トンキロで15.9％である。自家輸送とは自らの貨物を自分の所有するトラック（自家用トラック）で輸送するものであり，事業としての輸送を意味しない。したがって，トラック運送事業としてのトラック輸送は，営業用トラックがその対象である。日本のトラック台数は登録ベースで602万台，そのうちの営業用トラックは110万台で，全体の18.2％であるが（2015年

(表1-5)　一般トラック事業者数とトラック運行台数（2015年度）

	事業者数	トラック運行台数	1社平均運行台数
特積事業者	286	12,645	＠44.2
特積以外の事業者	56,722	1,361,131	＠24.0
合　　計	57,008	1,373,776	＠24.1

注：トラック運行台数には特殊車両および軽トラックは含まない。1社平均運行台数は，トラック運行台数を事業者数で割ったもの。特積事業者，特積以外の事業者の詳細については第6章「陸運・トラック業」を参照。
出所：(一社)日本物流団体連合会〔2017〕45頁，47頁をもとに筆者作成。

度），輸送量では，圧倒的に営業用トラックの輸送割合が大きい。営業用トラックの輸送比率は，トン数でトラック輸送全体の67.8％，トンキロで84.1％である。

トラック業界の大きな特徴は，事業者のほとんどが，従業員300人未満，資本金3億円未満の中小零細企業ということである。「特別積み合せ*貨物運送事業者(特積事業者)」といわれる中長距離混載定期便事業を行っている事業者は，その規模が比較的大きいが，事業数は，わずかに286社にすぎない(表1-5)。そして特積事業者の87.1％(249社)，特積以外の事業者の99.9％が中小零細企業である(中小零細企業でない事業者数は37社にすぎない)。また，近年，宅配・消費者物流*が増加している。この宅配便*は，「特別積み合せ貨物運送事業」者が「宅配便運賃」を設定して独自の輸送商品として販売しているものであり，「特別積み合せ貨物運送事業」の一部である。この分野では，ヤマト運輸と佐川急便の2社で79.0％のシェアを占める。これにゆうパックを加えると，92.8％のシェアになる。宅配便事業は，大手3社による寡占状態にあるといえる。

近年，トラック業界の市場が拡大，また従業員も大幅に増えている。2010年と比べると，2010年の市場規模が11.3兆円に対し2015年は14.5兆円と30％近く拡大している(図1-2)。従業員についても2010年の104万人から2015年には188万人と80％以上増加している。この背景には，最近のネット通販の急拡大があるようだ。

(図1-2) トラック業界の市場と従業員数の推移

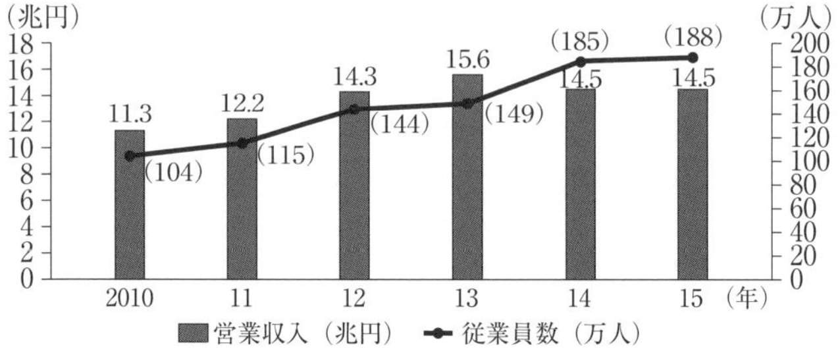

年	営業収入（兆円）	従業員数（万人）
2010	11.3	(104)
11	12.2	(115)
12	14.3	(144)
13	15.6	(149)
14	14.5	(185)
15	14.5	(188)

出所：(一社)日本物流団体連合会〔2017〕をもとに著者作成。

3－2 内航海運業界

　2015年度における内航海運による貨物輸送量は，36,500万トンであった。これは，外航海運による輸出入貨物輸送量の約半分である。内航海運による輸送量を10トントラックで換算すると3,650万台分に相当する。これは国内貨物輸送全体で見ると8％弱である。内航海運による貨物輸送割合のピークは1975年の9％で，その後減少を続けている。輸送量においても，1990年の57,520万トンをピークにして減少している。輸送活動量(トンキロ＝トン数×距離(キロ))で見ると1975年には全体の50％以上を内航海運が担っていたが，その後シェアを下げ続けている。2003年にはついに40％を下回った。近年，モーダルシフトなどを背景に若干増加しており，再び40％台を占めている。内航船舶数は5,183隻，370万総トン，内航事業者は3,510社，従業員数は68,000人である。内航事業者の99.6％が資本金3億円以下，従業員300人以下の中小零細企業となる。大手オペレーター会社20社が営業収入全体の20％，船腹量の30％を占めている。事業者1社当たりの運航隻数で見ると，1隻が38.9％，2隻が16.2％，3隻9.4％，4隻7.2％と5隻未満の事業者が70％以上である。

　以上でわかるように，内航海運の市場の特徴は，ピラミッド型市場構造にある。内航貨物の大半が大手企業の原材料，半製品，製品であり，荷主であるメーカーとの結びつきが深く，内航海運事業者の中においても，内航運送事業者(オペレーター)と内航船舶貸渡業者(オーナー)の関係が緊密である。このた

め，特定荷主の系列化，傭船や下請化といった多重的な取引関係から荷主企業を頂点にしたピラミッド型の市場構造ができている。このことは，荷主企業にとっては輸送の安定化に，オペレーター，オーナーにとっては経営の安定化に役立っているという面と，一方では市場を閉鎖的にし，競争を妨げているという面の両面がある。近年，法改正などを通じて優越的地位の乱用や不公正取引に規制を加えるなど垂直的・不平等な関係を是正しようという努力がされている。

品目別の内航海運輸送量は，石油製品，非鉄金属，金属，セメント，砂利，砂，石材，化学製品，機会，石炭が輸送量でも輸送トンキロでも80％以上を占めている。産業素材の輸送が内航海運貨物の中心であるということがいえる。

内航海運業界は，1964年6月の「内航二法」によって「船腹調整事業」のもとに，新規参入や自由な競争が規制されてきた業界であるが，規制緩和の流れの中で，1998年5月「船腹調整事業」は廃止され「内航海運暫定措置事業」が導入された。「内航海運暫定措置事業」も2023年には廃止される見込みである。新規参入と自由競争を促進することで，内航海運業界の構造の改善をスムーズに進めようとしている。

3－3 鉄道貨物業界

鉄道による貨物輸送は，輸送トン数4,300万トン，輸送トンキロでは204億トンキロ（2015年度）であった。10年前と比べると輸送トン数で約22％，輸送トンキロで約7％の減少となる。また，これらの鉄道貨物を輸送しているのはJR貨物以外に民間鉄道会社である私鉄も一部ある。鉄道による輸送トン数4,300万トンの内，約30％に当たる1,240万トンが私鉄で運ばれている。しかしながら，私鉄は秩父セメントの輸送を担った秩父鉄道（1996年セメント輸送は廃止された），相模川で採取される砂利輸送が目的だった相模鉄道のように，特定の鉱山，工業地域や港湾などとの関連が強く，その営業キロは短く，JR貨物の支線的な役割を果たしてきたにすぎない。

それは輸送トンキロで見た場合，私鉄における鉄道貨物輸送の割合が1％しかないことから明らかである。したがって，鉄道貨物の主役はJR貨物だとい

える。JR貨物で輸送される貨物は全体として減少しているが，コンテナ*輸送の割合は年々増加している。

　その理由は，車扱といわれる専用貨車で輸送される貨物が，大幅に減少しているからである。10年前の1993年には，車扱とコンテナ輸送の比率はトンベースで69：31だったが，2015年には同30：70と逆転している。コンテナ輸送の割合が大きく伸びている。JR貨物におけるコンテナ輸送の役割が年々大きくなる中で，RORO船や国際フェリーを利用して準国内輸送ともなりつつある，中国や韓国との**国際複合一貫輸送***体制の構築にも力を注いでいる。

3－4　倉　庫　業　界

　倉庫は，私たちの生活に必要な品物や企業の生産活動に伴う原材料・部品・製品を保管し，送り出す拠点である。輸配送・保管といった役割を果たすことで倉庫は生産・流通・消費といった物流を円滑にし，経済活動に寄与している。物流には，輸配送・保管・荷役・包装・**在庫***管理・流通加工・物流情報処理（受発注業務）などの機能がある。これらの物流機能のうちの輸配送と保管が倉庫業の役割の中心だ。しかし，その業務内容は時代とともに，社会や経済の変化とともに変わっている。今日の倉庫業には，単に，品物を保管するだけでなく，在庫管理や流通加工などの多種多様な業務が求められている。また，保管といっても冷凍・冷蔵などの温度管理などその内容は高度化している。倉庫そのものも，機械化・自動化・情報化で，その内容は，より高度化が進んでいる。企業や社会のニーズの変化によって，倉庫自身が常に進化・発展している。

　2015年度の倉庫事業者数は，普通倉庫が最も多く，4,548社で全体の75％を占めている。次いで冷蔵倉庫が1,147社で19％，水面倉庫は6社で，全体の1％未満にすぎない。1990年代は，事業者数で年率およそ20％，面積・容積及び保管残高は同30％の伸びを示したが，2000年代に入ってからは，横ばいか微増というところである。

　倉庫業は，他の物流業と同様に中小企業の多いのが特徴である。中小企業の割合は約91％にも及ぶ。もう1つの特徴は兼業比率が高いことが挙げられる。倉庫業者の多くが，港湾運送業・国際輸送業・トラック輸送業・不動産業など

を行っている。普通倉庫業者の過半数が運送業者でもある。

　2015年度のデータを基に，物流業界における倉庫業界の概況をみると，営業収入は1兆6,587億円であり，全体の6.7％である。これは，トラック業界，外航海運業界に次ぐ規模である。また，事業者数は，物流業界全体が75,019社に対して，倉庫業界は6,037社（8.0％），従業員数は，216万2,000人に対して，倉庫業界は8万9,000人（4.1％）である（3頁の表1-1）。

　なお（　）内の％は，物流業界全体に対する比率を表した。

第2章　物流とロジスティクス

1　物流とロジスティクス

　物流は，生産(調達)と消費(回収)の間にある時間と空間の隔たりを克服する経済活動である。物は空間的，時間的移転の働き(＝サービス)において価値を増すものであり，物流は追加的生産活動という経済活動の一面を持つ。このような，経済活動としての物流サービスを提供し，事業として活動を行う企業を物流企業と呼ぶ。それら企業の集合体が物流産業である。物流産業は，トラック・倉庫・海運・鉄道や航空といった違った業種によって構成されている点が他の産業と異なる。これは物流が，輸送や保管及びその関連する複数の機能の集合体であることに起因する。ちなみに，これが国際間に跨る場合を「国際物流」と呼ぶ。国際物流においては，距離が長いことに加えて，貿易であるため，通関など特別な手続きが必要であることが，特徴として挙げられる。

　物流は「物の流れ」，つまり輸送と保管及びそれに付随するものだといえる。したがって，従来は，生産工場における社内物流，販売物流など局部的な効率化が中心であった。これに対して，最近は，調達，生産，保管，販売，情報等全体を統合し，システム化することで全体最適化を図ろうという概念が入ってきた。これがロジスティクス*である。このように物流が経済・経営の機能・領域を示すのに対して，ロジスティクスはマネジメント概念である。

　物流，ロジスティクスは，まだ新しい概念であり統一された唯一の定義というものはない。多くの機関や団体がそれぞれの定義を発表しているので，いくつかを下記に掲げた。

1－1　物流の定義

　上述のように物流は，生産と消費の間にある時間と空間の隔たりを克服する経済活動といえる。つまり，物流とは，Physical Distributionを直訳した「物

的流通」の省略語である。なお，所有の隔たりを埋める活動が商流である。

また，次のような定義もある。「物資を供給者から需要者へ物理的に移動する過程の活動をいい，一般的には，輸送，保管，荷役，包装など，およびそれらに伴う情報の諸活動からなる」[1]。

なお，本書においては，流通，マーケティング分野における「物流」を取り上げているが，「物流」は交通分野においても使われる用語でもある。「交通分野においては，『物流』は物資流動(goods movement; freight transport)の意味である」[2]。このように同じ「物流」という用語であるが，分野によって意味が異なるので注意が必要である。

１－２　ロジスティクスの定義

① 　Council of Supply Chain Management Professionals(CSCMP)による定義

「Logistics Management is that part of Supply Chain Management that plans, implements, and controls the efficient, effective forward and reverse flow and storage of goods, services and related information between the point of origin and the point of consumption in order to meet customers' requirements.」

「ロジスティクスは顧客の要求を満たすために，産地と消費地の間の財，サービスそして関連する情報の効果的かつ効率的な川上から川下へあるいはその逆のフローとストックを計画，実行，管理するサプライチェーン・プロセスの一部である」[3]。

② 　日本ロジスティクスシステム協会(Japan Institute of Logistics Systems：JILS)の定義

「市場の需要情報に対応して最も効果的に商品を市場に供給するシステムを中心に，その供給を実現するための最小在庫を維持するための生産計画の支援，その生産計画を実現するための原材料や部品の調達を一貫する企業の戦略的経営システム。戦略的情報システムによって支援される」[4]。

③　国際ロジスティクス学会(The International Society of Logistics：SOLE)の定義

「ロジスティクスとは，目標の実現，計画，運用を支援するための技法であり科学であって，要求事項，設計，資源の供給と維持に関するマネジメント，エンジニアリング及び技術的活動のためのものである」[5]。

④　齊藤実氏による定義

「企業の物流活動は，原材料の部品の調達物流，工場内の製造物流，製品を販売する販売物流に分かれている。ロジスティクスはこうした物流の各パーツを統合し，調達・製造・販売のモノの流れを一元的に管理しようとするものである。具体的には，販売物流で市場の販売動向を的確に把握してその情報を製造や部品などの購買に迅速にフィードバックし，結果的に市場で売れる商品の的確な生産と，原材料や部品在庫の削減により，効率的な企業活動を展開しようとするものである」[6]。

2　物流機能

物流は，諸機能の集合体である。主な物流機能として，次の7つを挙げることができる。①輸送，②保管，③荷役*，④包装，⑤在庫管理，⑥流通加工*，⑦関連情報処理物流とは，これら個々の機能の集合体である。

物流機能では，輸送・保管・荷役の3機能が重要だといわれるが，最近では在庫管理や流通加工，情報処理機能を重視する荷主も多く，物流においてこれら7つの機能すべてが重要である。

輸送の中には，配送や運搬も含まれる。一般的には，長距離・幹線を輸送，地域内など近距離を配送，工場内など敷地内の移動を運搬と区別する。輸送手段ごとに物流事業者が分かれている。海運は，国内輸送と国際輸送に分かれる。国内輸送は内航海運，国際輸送は外航海運，陸運はトラックと鉄道，空運は航空である。「利用運送業者」もここに入る。国際物流におけるフォワーダー*や「通運」と呼ばれる鉄道利用運送事業がこれにあたる。

(表2-1) 物流とロジスティクスの相違点

	物流	ロジスティクス
概　　念	物流は経済・経営の機能・領域を示す	マネジメント概念
目　　標	効率化(コスト削減)	戦略性(市場適合, 全体最適)
対象・領域	物流活動(活動管理) (生産から顧客まで)	物流体系(体系管理) (調達から販売物流及び最終顧客まで)
中心領域・核	輸送・保管	情　　報
内　　容	▶プロダクトアウト(与件として商品・販売あり) ▶熟練的・経験的管理 ▶輸送・拠点中心 ▶コストコントロール ▶戦術重視	▶マーケット・イン(与件として市場・製造・販売も物流も市場に適合する形で決められる) ▶科学的管理 ▶情報中心 ▶インベントリーコントロール ▶戦略重視

出所：筆者作成。

　保管の機能は，本来の時間の差を克服するといった機能にも増して在庫管理や流通加工も重要性を増している。また，配送機能を主とした物流センターも増えている。倉庫業がその中心であるが，最近はトラック事業者や他の業種からの参入も多い。

　荷役は，貨物の積卸しのことである。物流センターや倉庫内での荷役は，倉庫会社やトラック会社によって行われることが多い。また，船舶の貨物の揚げ降ろしは港で港湾運送事業者によって行われる。

　包装あるいは梱包は，倉庫で倉庫業者によって行われるが，大きな機械を輸出する際などの特殊な梱包については，専門の梱包事業者に任せることが多い。在庫管理は，倉庫内で行われる。関連情報処理も在庫管理と密接に関連し，倉庫や物流センター内で行われる。関連情報の中には，受発注業務等も含まれる。在庫管理と情報処理をまとめて，1つの機能とする考え方もある。

　流通加工も同様に，倉庫や物流センターの重要な作業の1つである。流通加工とは，家具や家電などの簡単な組み立て，自動車のオプション部品の取り付

け，衣料品の値札付け，ラベル貼り，食品のパック詰めなどの作業をいう。

3　物流サービスの概念と特徴

3-1　無形財，即時財

　物流サービスの特徴は，無形財であること。また，即時性のある即時財であることである。

　物流を商流の一部と見るとしても，物流と商流が常に一致しているとは限らない。貿易における船荷証券(B/L)＊のように，貨物とその所有権が別々に動くことは珍しくない。つまり，商流と物流は密接な関係にあるが経済的には異なった性格を持っており，それぞれ異なった機能を果たしている。

　物流サービス(輸送サービス，保管サービスなど)は，基本的に生産活動と違い商品そのものに形質的変化を与えない。流通加工のみ変化を与える。基本的には，物流サービスはその生産が有形財ではなく，物の空間的，時間的位置の変化という無形財である。

　次に，即時性とは，物流サービスが生産と消費で同時に行われることを意味する。つまり，サービスの在庫ができないこと，言い換えれば生産場所でしか消費できないことが大きな特徴である。

3-2　物流サービスの生産要素

　物流サービスの生産要素として，次の3つを挙げることができる。

　①　固定施設と可動施設

　固定施設は，道路，鉄道，線路，港湾，空港などであり，社会資本である。可動施設は，車両，船舶，航空機などの交通用具・運搬具を指す。

　②　労働力

　物流における労働力は，輸送手段の運転・操作に携わる者を指す。

　③　対象貨物

　物流サービスにおける対象貨物は，常に第3者(荷主)のものである。

　ここで，対象貨物は第3者(荷主)のものである。物流サービスにおいては，

固定施設として道路や鉄道など公共の施設を利用することである。例えば，製造業では，工場が固定施設にあたるが工場は民間企業の所有物である。つまり，物流業においては，移動手段と労働力を供給することでサービスを提供する。

3-3 その他の特徴

それ以外の特徴については，次の6点に要約できる。
① 需要の発生が製造業や流通業に対して従属的である。つまり，貨物があって初めて物流サービスの需要が発生する。
② 需要発生の偏在性，変動性が大きい。
③ 需要代替性が低い。
④ 有形財と価格弾力性が異なる。
⑤ 即時財であるため物流サービスという商品が，欠陥商品かどうかは購入時点ではわからない。完全なサービスという前提で購入しても，実際には事故や遅延が発生することがある。
⑥ 物流サービスの差別化。つまり，速度，規則性，確実性(正確性)，安全性，頻度，価格などであるが，商品によって重要視される項目が違う。

4 ロジスティクスの範囲

物流が個々の領域における機能を対象としているのに対して，ロジスティクスは調達から生産，販売(回収)まで(e to e：end to end)の全過程にわたる物流システムを統合するマネジメント概念である。図2-1のように，物流のすべての機能を包括し，調達から回収までの範囲における全体最適を追及するものである。

(図2-1) ロジスティクスの範囲

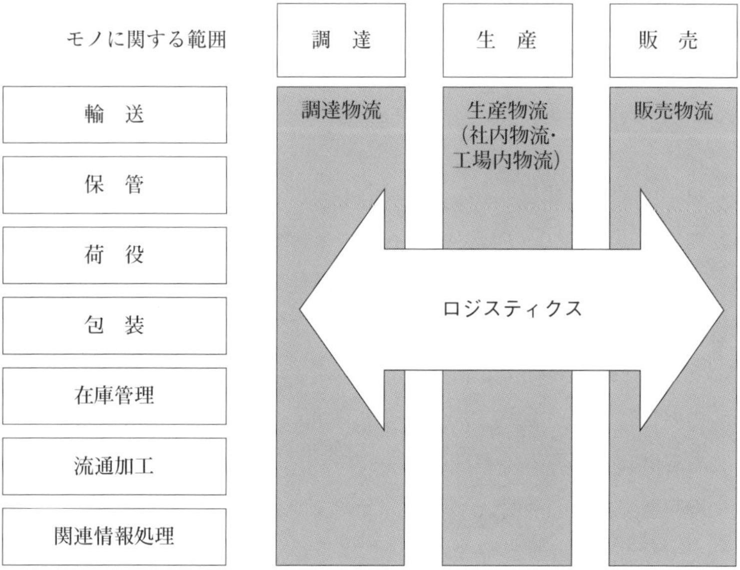

モノに関する範囲	調達	生産	販売
輸送	調達物流	生産物流（社内物流・工場内物流）	販売物流
保管			
荷役		ロジスティクス	
包装			
在庫管理			
流通加工			
関連情報処理			

出所：中田ほか〔2003〕，152頁を一部筆者修正。

5 サプライチェーン・マネジメント

　サプライチェーン・マネジメント（Supply Chain Management；SCM）*は，現代企業の新しい経営手法として注目されており，企業戦略として重要な概念である。サプライチェーンは，「供給連鎖」と訳され，企業活動における原材料の調達から生産，消費，そして回収までのすべての過程において関わる全ての企業の連鎖として理解する。つまり，複数の企業の連携からなるマネジメント全体を表す概念である。企業活動がグローバル化する現代においては多くの企業が相互に関わっており，もはや個別の企業だけで競争優位を確立することは困難である。SCMはこうした新たな時代の経営手法である。別の言い方をすれば，SCMは，顧客満足を高めるための戦略的管理手法であり，結果として競争優位を確立する。具体的には，顧客満足とローコストオペレーションを同時に実現するマネジメント手法である。

5-1　SCMの定義

　SCMもロジスティクスと同様に多くの定義への試みがあり，定説はない。主なものを下記に挙げた。ここで，スミチ・レビは，サプライチェーンとロジスティクスを区別せず同一のものとして捉えている。その対象とする領域はほぼ重なっているが，本書では，その内容において必ずしも同じではないという立場をとる。ロジスティクスはモノを中心にマネジメント全体を捉える。一方SCMは，これらに加えて研究・開発，及び財務・会計などの要素が加わる。つまり，研究・開発，財務・会計の有無がロジスティクスとSCMの大きな違いであるという立場をとる。つまり，SCMは，開発，研究，調達，生産，販売，財務・会計，物流などビジネスのあらゆるプロセスを包含する，より広範なマネジメント概念として理解されるべきである（図2-2）。

　主なSCMの定義を以下に列挙する。
① 　複数企業にわたる戦略的ビジネス活動の管理手法であり，コンピュータによる高度なデータ処理を前提とした統合的な管理手法である[7]。
② 　商品の供給に関連する全企業連鎖をいい，商品企画・調達・設計・資材調達・製造・販売・教育・保守・廃棄（ライフサイクル）に関連する全分野を含む概念である[8]。
③ 　サプライヤーからエンドユーザーまで流通チャネルを通して物の流れを

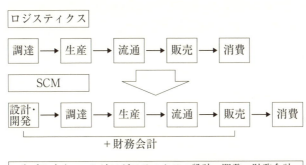

（図2-2）　サプライチェーンとロジスティクス

計画し，コントロールする統合されたマネジメントアプローチをいう(L. M.エルラム)[9]。

④　顧客に対してより低コストでより多くの顧客価値を生み出すために，サプライヤーや物流業者，顧客との関係を管理する手法である[10]。

⑤　サプライチェーンとは，ロジスティクス・ネットワークと呼ばれることもあり，供給業者，製造拠点，倉庫，配送拠点，それから各施設間で流れる原材料，仕掛品在庫，製品在庫で構成される。SCMとは，供給，生産，倉庫，店舗を効果的に統合するための一連の方法であり，適切な量を，適切な場所へ，適切な時機に生産・配送し，要求されるサービスレベルを満足させつつ，システム全体の費用を最小化することを目的とする[11]。

5-2　SCMの歴史

サプライチェーンという用語は，1962年にカーネギーメロン大学フォレスター教授によって使われたのがはじめと言われる。資材の仕入れから生産・流通・小売りまでの供給連鎖の中で，各事業単位の販売活動から得られた需要情報(発注データ)の変動が，生産活動にどのように影響を与えるかコンピュータを使ってシミュレーションして，在庫変動の理論を発表した。この中でサプライチェーンという用語が使われた。その後，1980年代の米国の景気後退を背景に，QR*やECR*に日本型経営であるカンバン方式やケイレツにロジスティクスの概念，マイケル・ポーターのVC*や制約理論*などが組み合わさってSCMが体系化され1990年代に発展した(次頁の図2-3)。

日本では，バブル崩壊後の景気後退局面でコスト削減の必要性からソニーが導入したのを契機に多くの企業が取り入れることになり，一挙に拡大した。SCMの発展の背景にはコスト削減のみならず，大量消費時代が終わり少品種大量生産から多品種少量への移行，キャッシュフロー重視の経営，さらにIT技術の発達がある。

(図2-3) SCM形成過程

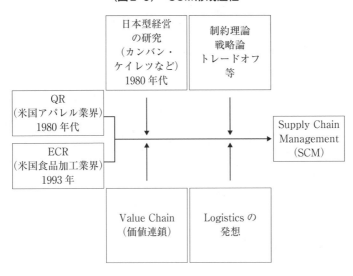

5-3 SCMの特徴

SCMには，3つの大きな特徴がある。

第1は，企業の枠を超えた経営概念という点である。企業内にとどまっていた経営管理の概念を企業の枠を超えたものにした点でこれまでの経営概念と大きく異なる。SCMは，企業内最適化から企業の枠を超えた最適化を目指すものであり，企業内の合理化や最適化を目指した従来の経営とは違い，企業の連鎖である供給プロセス全体の最適化を目指す。

第2は，関係する複数企業による戦略的パートナーシップという点である。関係する企業は資本関係の有無を問わない。

第3は，サプライチェーンを構成する複数の企業がWin-Winの関係にあるという点である。サプライチェーン全体の利益と同時に参加する個々の企業の利益を達成する。Win-Winの関係を前提としたビジネスモデルである。

こうしたことから，サプライチェーンにおけるパートナーの関係は従来のサプライヤーと顧客という関係から大きく変わる。従来の関係では企業間の接点は，販売部門と購買部門の接点しかなかったものが，サプライチェーンパート

(図2-4) サプライチェーン統合の段階

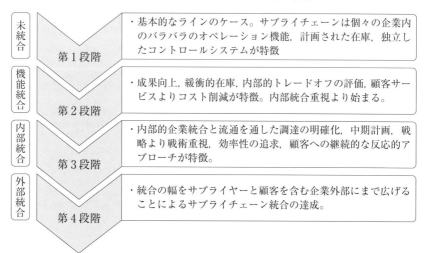

ナーにおける企業間の関係は，研究開発部門，情報システム部門，物流部門，あるいは業務オペレーション部門など多くの部門においてそれぞれが接点を持つようになる。

　こうして形成されたサプライチェーンによって，次のような利点が生み出される。①リードタイムの削減，②オペレーションにおける，より大きな生産性，③在庫削減，④サプライヤーからの配送における信頼性の向上，⑤低い生産コストの実現。その結果，競争優位が得られるということである。

6　物流，ロジスティクス，SCM，マーケティングの関係

　必ずしも定説があるわけではないが，次頁の図2-5に示したように，SCM＊はマーケティングの一部であり，さらにその中の部分がロジスティクスである。そして，そのロジスティクスの中の個々の機能の集合体が物流であるという理解が概念として一番受け入れやすい。

　ここで，マーケティング及びSCMとロジスティクス，物流の大きな違いは，マーケティング，SCMには商流が含まれるがロジスティクス，物流には商流

(図2-5) 物流, ロジスティクス, SCM, マーケティングの境界線

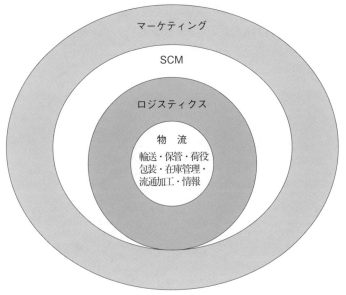

出所:『月刊ロジスティクス・ビジネス』(2005年6月)64頁。

は含まれないという点である。ロジスティクスとSCMの違いは、研究開発及び財務会計がSCMには含まれるが、ロジスティクスの領域には含まれないことである。

7 ロジスティクス・ネットワーク

7-1 物流ネットワーク

物流、ロジスティクスにおいてネットワーク(network)とは、複数のノード*(node)をリンク*(link)で結んだものをいう。ノードとは、結節点と訳され、鉄道貨物駅、空港、港湾、トラックターミナル、工場や倉庫、流通センター、店舗など貨物が保管、積み替え等のために留まる場所を指す。リンクはノードとノードを結ぶ、鉄道、道路、空路、航路などをいう。また、リンクで貨物輸送にあたる船舶、航空機、トラックや貨車などの輸送手段をモード*と呼ぶ。

なお，輸送に近い概念の用語に，配送，運搬があるが，一般的に，輸送は物流ネットワークの拠点間を，主として公共の空間を利用しての貨物移動をいう。これに対して，配送は輸送のうち，短距離小口の端末輸送を特に区別していう。物流センターから店舗への商品の移動は配送である。また，運搬は施設内の移動を指す。

7-2　物流の3構成要素

物流ネットワークの構成要素は「ノード」，「リンク」と「モード」の3つである。これらの関係を，図2-6と次頁の表2-2で表した。

(図2-6)　物流ネットワークにおける「ノード」「リンク」「モード」の関係

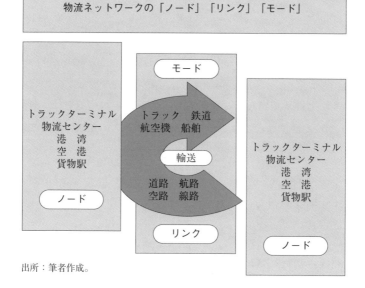

出所：筆者作成。

(表2-2) 物流ネットワークの構成要素

	意味	例
ノード	結節点 貨物が保管，積み替え等のために留まる場所	鉄道貨物駅，空港，港湾，工場，倉庫，トラックターミナル，店舗等
リンク	ノードとノードを結ぶ	鉄道，道路，空路，航路等
モード	輸送手段	船舶，航空機，トラック等

出所：筆者作成。

7-3 物流ネットワークの考え方

　ロジスティクス・ネットワーク，あるいは物流ネットワークとは物流チャネルとロケーションを統合し，体系管理を行うことである。つまり，物流チャネルとロケーションを組み合わせたものということができる。ここでいう物流チャネルとは，企業が自ら管理しようとする物流の段階，具体的には，調達拠点，生産拠点，販売拠点，配送拠点などを指す。ロケーションは，その各段階の物流拠点*の配置である。

　ここで重要な点は，リードタイム*と在庫回転率である。配送リードタイムが短ければ，より顧客に近いところに多くの小規模配送拠点が必要である。リードタイムが長ければ，配送拠点の集約が可能である(図2-7)。

　物流ネットワークは，設定されたリードタイムの中で，どのようなビジネスプロセスを作るか，在庫を含めた経営資源を極限まで有効活用するシンプルな構造を如何に作るかという問題である。

　例えば，デルは，インターネットによる受注と航空機を利用した高速輸送により，アジアの生産をマレーシア(ペナン)と中国(アモイ)に集約した。輸送中の在庫以外の在庫を持たないシステムを構築している。

(図2-7) ロジスティクス・ネットワークのイメージ

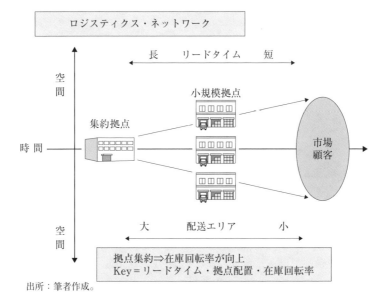

出所：筆者作成。

7-4 物流拠点配置戦略

物流拠点を、「どこに」・「何カ所」置くかというのが物流拠点配置戦略である。物流拠点の配置を決めるには、物流拠点(物流センター)設置の目的を、「顧客への納期を守る」ことか「コスト削減」かを明確にすることからスタートする。その上で、納期から逆算して決めことになる。

物流拠点設置の条件は、「リードタイム」・「エリア」、言い換えれば、時間と空間が考慮すべき最大の要因である。どちらを重視するかで、物流センター設置に当たって、集約か分散を決める。物流拠点集約の場合、エリアが広くなると輸送・配送距離が長くなり輸配送コストは大きくなる。分散の場合は、リードタイムは短くなり輸送コストは小さくなるが、一方で施設コスト、及び在庫コストが増す。一般に、物流コストは輸送距離(線)が長いほどコスト大となり、物流拠点(点)が多いほどコストは大きくなる。この２つ(点と線)の最適化が物流効率化、ローコスト化につながる。

物流拠点は、保管、配送など複数の機能の複合体である。どの機能を重視し

た拠点を構築するかというのも物流拠点戦略で重要である。「ストック(保管)機能」・「物流センター(配送)機能」の2つに大別できる。倉庫はストック(保管)機能を重視した物流拠点である。物流センターとか配送センターと呼ばれる物流拠点は配送機能を重視しており，単なる保管だけではなく，出荷，ピッキング*・仕分け・配送などの作業を重視したものである。中でも仕分け機能を重視したものが，クロスドッキング*と呼ばれる。クロスドッキングは，物流センターに入庫した商品を格納，保管することなく，直接仕分け作業に回し，出荷してしまう仕組みである。この仕組みには，「ASN*(advanced shipping notice)事前出荷明細」と「JIT*(just in time)入庫」が必須である。

7−5 物流ネットワークの型

7−5−1 ネットワークの基本型

物流ネットワークにはいくつかの基本型があり，多くはその変化形である。基本は，2つのノードを1本のリンクで結んだものである。「ピアツーピア型」と呼ばれる。他に，「スター型」，「バス型」，「リング型」，「メッシュ型」がある(図2-8)。

(図2-8) ネットワークの型

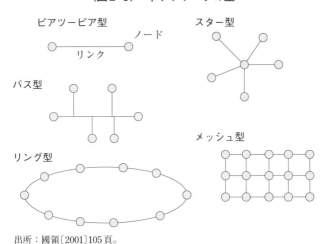

出所：國領〔2001〕105頁。

「スター型」は中央のノードから放射状にリンクに広がったもの，輪になったものが「リング型」である。網の目状になったものが「メッシュ型」，「スター型」のネットワークを複合化したものが「ハブ・アンド・スポーク*システム」と呼ばれるものである。これは，自転車の車輪に見立てたものである。近年の国際物流にける航空輸送や船舶による海上輸送の中心はこの「ハブ・アンド・スポークシステム」が中心になっている。米国のインテグレーターとして有名なフェデックスは，「ハブ・アンド・スポークシステム」を有力な武器に成長した代表例である。しかし，最近は主要空港では旅客，貨物とも混雑が激しく，このため「ハブ・アンド・スポークシステム」を見直し，中型機による直行サービスを採用する動きも出てきた。

7-5-2　ハブ・アンド・スポークシステム

　ハブ・アンド・スポークシステムは，車輪のハブとスポークに見立てたものであり，ハブが車輪の中心である。このシステムの典型的な例が米国の航空貨物輸送である。各地で集荷された貨物は一旦ハブ空港に集められ，そこから各地に輸送するというものである。例えば，従来のやり方で米国内の全都市間の輸送サービスをしようとすれば，全都市を直接結ぶ航空機が必要である。ネットワークの基本型の「メッシュ型」のネットワークを構築するわけである。ハ

(図2-9)　メッシュ型とハブ・アンド・スポークシステムの路線数比較

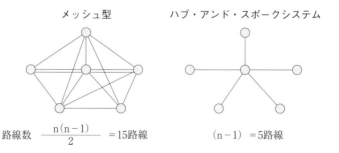

出所：筆者作成。

ブ・アンド・スポークシステムを採用することで，総運航便数を減らし，総運航距離を短くすることで輸送効率を上げることが可能となる（前頁の図2-9）。

例えば，AからFまでの6つの都市全部をそれぞれ結ぶ場合，それぞれの都市を直行便で結ぶと（メッシュ型），15路線が必要になる。これに対して，Aをハブとしてハブ・アンド・スポークシステムを採用すると，5路線で済むことになる。路線数は，結ぶ都市の数をnとした場合，メッシュ型ではn(n－1)／2で求められる。ハブ・アンド・スポークシステムの場合は，(n－1)となる。

6都市を結ぶことを考えた場合，従来のメッシュ型の場合，1日往復とすると30便になる。ある都市をハブ空港として，一旦ハブ空港にすべての貨物を集め，そこから配送するというハブ・アンド・スポークシステムにすると往復10便ですべての都市を結ぶことが可能であり，少ない機材を準備すればよく，また総輸送距離は短くなる。しかし，マイナス面もある。ハブ空港で積み替えのための時間がかかること，加えて近年，ハブ空港となるような大空港では混雑のため待ち時間が発生することが多くなっている。さらに，都市によって大型機を使用し，あるいは小型機や中型機を使用するなど都市・路線によって使用機種が違うため多くの機種を用意しなければならず，メンテナンスコストが増えることもデメリットである。

8　ロジスティクスの歴史

8－1　米国におけるロジスティクスの歴史

ロジスティクスの概念は，米国において1960年代に軍事用語「兵站」を表す言葉として用いられていたものが，ビジネスの世界に入ってきたものである。当初は，Physical Distribution（物的流通）と同じような意味で使われていたが，その後システムとしての概念に成長したものである。

1800年代英国で産業革命が起こった。この頃，工業製品は造れば売れるという状況であり，産業界の関心は，生産中心であった。1900年代に入り，広く工業製品が行き渡り，企業は生産したものをいかに売るかに関心が移った。この時代は，販売の時代であり，まだ物流は注目されていない。1905年米国

の軍隊において最初にロジスティクスという言葉が使用された。日本語訳は「兵站」である。Major Chauncey B. Baker（陸軍少佐）が，その著書，*Transport of Troop and Material*において使用した。次の1節である。

［The branch of the Art of War pertaining to the movement and supply of armies is called logistics.］

　ロジスティクスの概念と，その技術の発展は，戦争と深く結びついている。1940年代米国では，第2次世界大戦を通じてロジスティクスは発展し，戦後1960年代以降ビジネスの世界に展開した。この頃，ロジスティクスはビジネス・ロジスティクスとも呼ばれるようになった。ビジネスの世界にロジスティクスが取り入れられ発展した背景には，1958年からの米国における不況，1970年代における2度の石油危機と輸送費のコストアップがある。さらに，1980年代には多くの分野において規制緩和が実施され，企業間競争は激しさを増した。生産性はすでにピークに達しており，生産性を上げる以外の方法でコストセーブを図らなくてはならない状況の中で，企業が注目したのが物流費である。こうして，1980年代企業経営において物流が大きな関心事となり，在庫に対する考え方も従来と大きく変化していった。運輸・交通分野でも規制緩和が進み，物流事業者間の競争が激しくなっていった。こうした，物流業界の状況と荷主の物流コスト削減のニーズを背景に，物流からロジスティクスへとその概念が変化，また3PLという新しい形の物流サービスが誕生するのもこの時期である。

　1989年には，米国最大の物流団体であるCLM（Council of Logistics Management：2005年からCSCMP＊：Council of Supply Chain Management Professionalsに名称変更）がその調査報告書において，Third Party Providerという言葉を使用したことから，3PLという言葉が一般的に使われるようになった。高度化・複雑化してゆく物流サービスを支えたのが，発達するコンピュータとIT技術である。1990年の湾岸戦争において，ロジスティクスが脚光を浴びることになった。この頃から，日本でもロジスティクスが注目を集めた。1990年代以降，それまでの機能としての物流からサプライチェーン全体の中で物流をシステムとして捉え，経営戦略として考えるようになっていった。いわゆる戦略物流の

時代だ。2003年のイラク戦争において，米軍は，武器弾薬などの物資にICタグ*を使用することで，ロジスティクスの効率を飛躍的に上げた。世界最大のウォールマートも，このICタグの利用には熱心である。

このように，物流・ロジスティクスは1960年代からビジネスの世界に入ってきたものであり，その歴史は40年余りと短い。本格的に拡大するのは1980年代であり，その歴史は浅いが急速にその性格を変えながら脇役から経営の主役へとその重要性を増しつつある。実際，物の移動という意味では，物流は古代から存在したが，今日ほどその物流が注目されている時代はかつてなかった。

8−2 日本におけるロジスティクスの歴史的発展過程とその背景
① 1960〜1970年代　日本経済の高度成長期

この時代は，大量生産・大量輸送の時代であり，機械化・大型化が進展した。大量生産された商品をいかに輸送，保管するかが重要であった。そのため，道路整備が進みモータリゼーションが進展した。1950年代後半，米国からPhysical Distributionという言葉が入ってきた。1965年には運輸白書で「物的流通」という言葉が使われた。その後，「物的流通」の短縮語として「物流」が使用されるようになる。1960年代後半から日本において「物流」が使用され始め徐々に定着していった。初期の頃は，「物的流通」と「物流」の両方の言葉が使用されていたが，今日は「物的流通」という言葉は使用されなくなった。

1983年日本物流学会でも，「物流」に統一された。ここで「物流」とは，輸送・保管・荷役・包装などの個別の活動の集合体である。そして，この時代の物流は，個々の活動に目が向けられていた時代であった。

② 1970年代　2度の石油ショック，物流管理の定着

1973年，1979年の2度にわたる石油ショックにより，日本経済は高度成長から低成長への変化を余儀なくされた。省エネが進展する。また，企業は生産合理化を進めるも，生産面での合理化はすでに限界にあった。企業の目は，それまで「経済の暗黒大陸」といわれるように，手を付けられていなかった「流通・物流」の合理化に向けられた。物流を構成する個々の活動を見ているだけ

では，コスト削減・合理化ができないことに気がつき，個々の活動を統括的に，全体をシステムとして捉える考え方が出てくる。1960年代以降，輸送手段の大型化で大量輸送が可能になったことにより輸送費は削減された一方で，保管場所である倉庫コストが増えるといったトレードオフ*の関係が生じることとなった。物流における「システム思考」が生まれた時代でもある。

　1976年に，ヤマト運輸による「宅配便」（消費者の小口貨物を中心に扱う）という新しい物流サービスが登場した。1980年代に入り取扱量が急激に伸び，1982年に取扱量で郵便小包を抜いた。

③　1980年代　プラザ合意と円高の進展・生産拠点の海外移転

　1985年プラザ合意による急激な円高の進展により，日本の製造業の多くが生産コストの安い東南アジアに生産拠点を移した。その結果，生産と消費の時間的，空間的隔たりは大きくなり，これを克服するための物流の構築がより重要となった。グローバル物流の構築が求められる一方，1980年代後半には消費者の嗜好の多様化が進み，消費行動も高度化していった。その代表がコンビニの登場である。コンビニの特徴は，在庫数が少なく商品の納品回数が多いことである。これに応えるため，生産は多品種少量生産に変化していった。これを支えるのがPOS（point of sales：販売時点管理）システム*である。物流においても，多品種少量・多頻度小口，JIT*（just in time）物流が要求されるようになった。

　この時代は，自動車輸送が物流の中心になり，トラックのドライバー不足と環境問題から政府が声高に「モーダルシフト*（modal-shift）」の促進を唱えた。物流が社会問題化した時代である。

④　1990年代以降　物流からロジスティクス，SCMへ，物流アウトソーシングの進展

　物流からロジスティクスへ，つまり物流全体を対象とし，企業経営の戦略とする考え方が導入された時代である。特に，1990年の湾岸戦争においてロジスティクスが見直され，日本においてもブームとなった。ロジスティクスの本

来の意味は「兵站」である。

　ロジスティクスが兵站からビジネスに導入されたことから，ビジネス・ロジスティクスともいう。つまり，調達，生産，販売，さらには廃棄，リサイクルにいたるすべての過程を対象として経営戦略に生かそうという概念である。この時代の物流の特徴として，次のようなものが挙げられる。

- ■国際水平分業体制の確立とグローバル・ロジスティクスの確立

　　　中国・東南アジアが生産拠点だけでなく消費地としても重要になる中で，部品の調達，製品の輸送が三国間など複雑多岐にわたるようになる。

- ■物流アウトソーシング

　　　企業間の競争がグローバルでかつ厳しい時代になり，企業経営において自らのコアに経営資源を集中し，その他の部分を外注する（outsourcing）ことが一般的になり始めた。

　　　物流におけるアウトソーシングとして，3PL（third party logistics）が出現した。

- ■SCMの時代

　　　1990年末にSCM（supply chain management）の概念が導入された。Supply Chainは「供給連鎖」と訳される。一社だけでなく，商品供給にかかわる全企業，全過程をマネジメントの対象とする考え方であり，Supply Chainを支える物流をsupply chain Logisticsと呼ぶ。

- ■静脈物流＊　廃棄・回収物流の登場

　　　商品の返品や容器の持ち帰りなど，回収にかかわる物流を回収物流という。また，近年産業廃棄物の処理や運搬にも物流が重要な役割を課せられている。生産や販売にかかわる物流を動脈物流と呼ぶのに対して，これらの廃棄・回収物流を静脈物流という。

- ■グリーン・ロジスティクス

　　　あらゆる産業において環境への配慮が重要視される時代になった。物流においても同様に環境への配慮が求められている。環境配慮型の物流をグリーン・ロジスティクス＊という。

注

1) (株)ジェイアール貨物リサーチセンター〔2004〕5頁。
2) 苦瀬ほか編著〔2006〕11頁。
3) 中田ほか〔2003〕148頁。
4) (社)日本ロジスティクスシステム協会監修〔2000〕247頁。
5) 同上, 247頁。
6) 齊藤〔1999〕169頁。
7) 知念〔2006〕。
8) (社)日本ロジスティクスシステム協会監修〔2000〕。
9) 菊池〔2000〕。
10) Christpher, 邦訳〔2000〕。
11) Simchi-Levi, et al., 邦訳〔2002〕。

第3章 物流アウトソーシングと3PL

1 物流アウトソーシング

　最近の企業経営の一般的な傾向として「アウトソーシング*」が，重要な戦略として取り入れられている。「アウトソーシング」は「外部委託」と訳される。物流分野においても「アウトソーシング」が進んでいる。物流における「アウトソーシング」そのものは目新しいものではない。例えば，輸送をトラック業者に委託し，一部の製品保管を倉庫業者に委託するなどが従来から日常的に行われてきた。

　現在進んでいるアウトソーシングは，従来の伝統的外部委託ではなく，物流システムなど物流の根幹的な部分のアウトソーシング，あるいは全面的なアウトソーシングである。単に，物流作業を効率化するといった現場レベルの目的でなく，企業経営の核をなす戦略的な目的でアウトソーシングを行う企業が増えてきた。

　物流アウトソーシングが拡大する背景には，企業の競争環境が厳しくなる中で，限られた経営資源をコア部分に集中し，かつ物流を含めた顧客サービスの面でライバル企業に差をつけ競争に生き残るためである。また，IT技術の発展はますます高度化する顧客の要望に応えることを可能にする一方で，複雑化，高度化する物流を自社の要員でまかなうことは難しくなってきたことを意味する。高度な専門知識やIT技術を持った物流企業が育ってきている。

　特に，最近は3PLがアウトソーシングの新しい受け皿となって機能するようになった。従来のように単に保管や輸送といった1つの機能をアウトソーシングするのではなく，輸送・保管・包装・流通加工・荷役・在庫管理に情報処理といった物流機能を包括的に，さらに物流システムやコンサルティングまで含めた物流全般のアウトソーシングが企業経営のうえで重要性を増している。

　次に，物流アウトソーシングにおける役割で重要な3PLについて詳説する。

2　3PLとその定義

3PL(third party logistics)は，その歴史も浅く，唯一の定義といったものはない。企業や団体が独自の定義付けを行っているのが現状である。

以下に，代表的なものを挙げた。

① 「荷主に対して物流改革を提案し，包括して物流業務を受託する業務」[1]

② 「荷主に対して物流改革を提案し，包括して物流業務を受託する業務。荷主でもなく，運輸業でもない第3番目の物流事業者が，荷主企業から，情報システムを中心とした物流支援システムの実施を包括的に受託し，ある部分は，専門の輸送業者に受託し，また，ある部分は自己で行い，荷主単独では，できない混載による専門的かつ高度な物流を代行する業務」[2]

③ 「サードパーティロジスティクスは，輸配送，輸配送管理，在庫・資材管理，受注管理，顧客サービスマネジメント，輸出入管理，ロジスティクス情報サービス，ロジスティクス総合管理など，これらのサービス2つ以上を組み合わせて提供すること」[3]

④ 「サードパーティとは第3勢力のことである。つまり，ロジスティクス機能を担う第3勢力のことである。「第3」の意味には以下の2通りがある。

　1つ目は，メーカーをファーストパーティー，卸売業・小売業といった買い手側をセカンドパーティーとみる見方であり，これら荷主側の物流を全面的に代行する業者をサードパーティという。もう1つの見方は，荷主側(メーカー，卸売業，小売業)をファーストパーティー，キャリア(実運送手段を持つ物流業者)をセカンドパーティーとみて，実運送手段を持たない事業者をサードパーティとするものである。

　これまでの物流業者は，荷主側のシステムの中で輸送手段や保管機能を

供給するものだったが，サードパーティは荷主側に物流システムを提案し，その結果として全面的に物流業務を委託する事業者のことである」[4]。

3 3PL誕生とその背景

3-1 米　国

　3PLは，米国において1977年以降の規制緩和の結果生まれたものである。1989年CLM（Council of Logistics Management：米国ロジスティクス協会）の調査報告書の中で，"Third Party Provider"という言葉が使用されてから3PLという言い方が注目されるようになった。

　米国の運輸行政は，100年以上にわたり輸送業界の独占を排除し，荷主保護のための規制政策が基本であった。州政府，ICC（州際交通委員会）による厳しい規制下におかれていた。各種輸送モード毎に参入規制，運賃規制があり，複数輸送モード*の兼営は禁止されていた。トラックにおいては州を跨る運行制限があった。1977年の航空貨物規制緩和法を皮切りに運輸業に関する大幅な規制緩和が進行した。新規参入規制緩和（免許制から登録制へ），運賃規制緩和（運賃タリフ廃止），複数輸送モードの兼営制限の撤廃，トラック輸送の州を跨る営業制限の撤廃などである。最終的に1995年のICC解体で，一連の規制緩和が終わった。一連の規制緩和の結果，新規参入企業が増加，同時に運賃自由化により運賃低下と競争が激化した。1980年，物流企業18,000社が規制緩和により新規参入し企業数が激増，1986年には36,000社になった。しかし，その後の競争の結果，淘汰が進み，物流企業上位30社のうち21社が1980年代に倒産，合併により姿を消した。

　こうした環境の中，複合一貫輸送など新しい物流サービスが誕生した。また，より付加価値の高いサービス提供を指向する物流業者が現れた。こうして生まれたのが3PLである。その後，米国では3PL市場は順調に拡大している。

3-2 欧　州

　欧州の3PLの誕生は，米国と同じくその引き金となったのは，EU統合後の

一連の規制緩和とその結果としての競争の激化である。EUは共通運輸政策により域内輸送の自由化を推進した。1993年1月には域内通関業務が廃止された。同じく1993年以降順次トラック運賃の自由化が実行され，1998年7月にはカボタージュが撤廃された。こうした状況の中，競争は激しくなり，物流業者はより付加価値の高い物流サービスを指向し，より荷主との関係を密にし，荷主の囲い込みを図る戦術に出た。こうして，米国とは若干違うが，欧州型3PLの発展を促すことになった。

3-3 日　本

日本においては，3PLは1990年代後半以降徐々に拡大している。しかし，その導入のきっかけは，米国や欧州が規制緩和であったのとは状況を異にしている。日本においては，規制緩和の方針はあるものの欧米のように明確な規制の排除が行われていないのが現実である。では，その導入の背景はというと，それは1990年代のバブル崩壊である。バブルが崩壊し，右肩上がりの経済構造に変化がおきた。荷主企業は，コスト削減と合理化及び複雑な物流及び高度化する物流をアウトソースし，経営資源を本業に集中したいという荷主企業サイドの要求に応える形で導入されたのが，日本における3PL誕生の背景といえる。

3-4 中　国

中国においては，多くの中国資本の物流企業が3PLを標榜している。百貨店や小売など流通企業の物流部門が分社化し，あるいは，分社化の計画をしている。そのほとんどが，3PL事業をやりたいという。多くの場合は，外資系物流業者との提携を軸に考えているようだ。

現状では，中国の物流の大半は自家物流であり，物流自身が産業として未発達という段階である。中国の物流企業が，3PLを口にするのには理由がある。それは，政府が3PLを奨励しているからである。政府の奨励，イコール何らかの補助があることを意味する。したがって，とにかく3PLを唱えるというのが現状である。中国の物流の特徴の1つは，2極化である。全体としては，

物流の発達は遅れているが一部の企業は最先端の設備を導入しているものもある。そうした極端な例が並存するのが中国である。また，その発展スピードが速いことも中国のもう1つの側面である。近年の外資物流企業の中国への参入は急増している。中国経済の成長のためには物流の構築が必要であることは間違いない。

　日系企業では，佐川急便やヤマト運輸，日通をはじめ商社も積極的である。また，カルフール，メトロなど外資系の流通企業の進出も盛んである。したがって，今後は，外資系の流通企業やそれらをサポートする外資系の物流企業によって中国において3PLが発展することが考えられる。しかしながら，物流の投資の大半は輸送面に重きが置かれ，ここでいういわゆる3PLが中国で根付くかどうかは疑問である。ここでも2極化が避けられないと考えられる。つまり，外資流通業など一部の企業は3PLやSCMを導入するが，同時に大半の企業は従来の物流によるという状況が続くと考える。

3－5　東南アジア

　東南アジアにおける物流市場は，国ごとに細分化されており，文化や政府による規制などのため効率的な物流市場とはなっていない。しかし，一部スタートしたAFTAによる貿易の自由化は運輸・交通分野の規制緩和をもたらすことは間違いない。しかし，現地物流企業は育っておらず，外資主導である。今後も，中国と同じように，外資系の製造・流通企業と外資系物流企業により物流が構築されてゆくことになると考えられ，全体の物流レベルの向上には時間を要すると考えられる。しかしながら，外資系企業を中心に，アセアン域内の生産，物流拠点の再編を急いでおり，物流需要は拡大している。

4　3PLの業務内容

3PLの主な業務内容は，表3-1に示す通りである。これから明らかなように，3PLはあらゆる物流機能を含む。情報システムの設計，コストや生産性コントロールまで含まれることが注目される。また，その範囲も生産から消費までといった従来の物流の範囲よりさらに，調達，返品業務からリサイクルまでその範囲は拡大している。物流診断などのコンサルティングまで含み，物流部門全体のアウトソーシングが可能である。3PLが今日の戦略的物流アウトソーシングの受け皿として機能する所以である。

例えば，ドラッグストア業界のトップ企業であるマツモトキヨシは物流分野

（表3-1）　3PLの業務内容

1．需要予測
2．調　達
①航空・海上・鉄道輸送手配：forwarding(in bound)
②通関業務(in bound)，③トラック輸・配送(in bound)
④傭車選択・運賃交渉・管理
3．物流拠点
①倉庫管理，②商品管理
③在庫管理(inventory management)
④流通加工，⑤返品業務
4．輸配送(トラック・海上・航空)
①トラック輸・配送(out bound)
②航空・海上・鉄道輸送手配：forwarding(out bound)
通関業務(out bound)，④返品業務
5．リサイクル
6．情　報
①情報システム設計・構築・運用，②発注業務・代行業務
7．物流管理
①生産性コントロール，②コストコントロール，③物流品質管理
8．コンサルティング
①物流コンサルティング，物流診断

出所：筆者作成。

全体を戦略的にアウトソーシングしており，自社内には責任者として役員以外は，物流担当者は1人も置いていない。まだマツモトキヨシのように徹底したアウトソーシングは日本では数少ない例であるが，今後は，こうした徹底したアウトソーシングが増えてくると見込まれる。

注

1） 国土交通省「総合物流施策大綱」(平成9年)。
2） 物流問題研究会監修〔2001〕。
3） コパチーノ〔1998〕38-39頁。
4） 日通総合研究所〈http://www.nittsu.co.jp/soken/〉『ロジスティクス用語集』。

第4章　日本の物流規制緩和

　日本の物流政策と陸上輸送を中心に，国内の物流にかかわる物流規制緩和について述べる。

　日本の物流に関する政策方針を，一言でいえば，「新規参入のための障壁を低くする。一方で，環境・安全などに配慮する規制を強化する」と，表現できる。つまり，規制をできるだけ緩和，もしくは撤廃することで競争を促進する。安全性や環境を守るための規制は，強化するということである。こうした方向性が明確になったのは，1990(平成2)年「物流二法*」の施行にさかのぼることができる。「物流二法」施行からわが国の物流規制緩和が始まった。そして，2002(平成14)年「物流三法*」法案成立でさらなる規制緩和が実施されることになった。「物流二法」はトラック運送業と利用運送業が対象であり，「物流三法」において，これに鉄道が加わった。また，従来はトラック・鉄道・船舶など輸送モードごとに別々であった利用運送業も一本化される。内航海運の規制緩和については，先述の通り，1998(平成10)年5月「船腹調整事業」は廃止され「内航海運暫定措置事業」が導入されたことでやっと前進したといえる。

　物流行政の大きな転換点ともいえる「物流二法」と「物流三法」について簡単に解説する。

　「物流二法」とは，「貨物自動車運送事業法」，「貨物運送取扱事業法」の2つを指す。

　「貨物自動車運送事業法」では，①新規参入の促進，②自由な運賃設定(認可制から届出制へ)，③積み合わせ輸送の自由化(路線，区域の一本化)などが盛り込まれた。もう1つの「貨物運送取扱事業法」では，①利用運送業の一本化(従来は，トラック・鉄道・船舶など別々であったものを一本化・複合輸送に対応)，②2種類の利用運送業(鉄道や航空とトラックの集配に結びつけたものを第2種，それ以外を第1種とした)など実情に合わせたものとなった。

　「物流三法」は，2002(平成14)年6月国会で法案が成立した。規制緩和のさ

(表4-1) 最近における物流業規制緩和の動向

業　種	法律名	改正年	参入規制緩和	運賃・料金規制緩和
トラック運送業	貨物自動車運送事業法	2002年	許可制へ	事後届出制へ
貨物鉄道運送業	鉄道事業法	2002年	需給調整要件廃止	事後届出制へ
港湾運送業	港湾運送事業法	1999年	主要9港許可制へ	
利用運送業	貨物利用運送事業法	2002年	登録制へ	事後届出制へ
倉庫業	倉庫業法	2001年	登録制へ	事後届出制へ

出所：武城・國領〔2005〕，（株）ジェイアール貨物リサーチセンター〔2004〕ほかを参考に筆者が作成。

らなる進展と社会的規制（環境・安全）の強化を目指すものであった。「物流三法」とは，「貨物自動車運送事業法」，「貨物運送取扱事業法」，「鉄道事業法」の3法で，鉄道がここに加わったことが大きな変更である。主な改正点は，「貨物自動車運送事業法」において，営業区域規制廃止，運賃事前届出制を廃止し，事後届出制にし，規制緩和を進めた。「貨物運送取扱事業法」は，「貨物利用運送事業法」へ名称が変更され，許可制から登録制へと規制を緩和し新規参入を容易にして自由競争を促進している。「鉄道事業法」を物流に加えたことが大きな変更点である。また，「鉄道事業法」でも運賃，料金の上限認可を廃止するなどここでも規制緩和を進めている。

　日本の物流政策のもう1本の柱である。安全・環境への規制強化について述べる。

　安全面の規制強化は，その背景に近年のトラックによる事故の増加がある。自動車事故に占めるトラック事故は20％を占めており，中でも営業用トラックの事故は年々増加している。トラック登録台数における営業用トラック台数は約15％である。一方，トラック事故の4分の1は営業用トラックである。

　また，トラック事故の多くが重大事故につながっている。営業用トラックは長距離運転が恒常的である。過労運転が多い。過積載が繰り返されるなどが事故の原因と考えられる。こうしたことから社会的規制の強化に取り組まれることになった。例えば，トラック運送業者の営業所には必ず専門の「運行管理者」の配置を義務付け安全管理を図る。「適正化事業実施機関」を設置，トラ

ック事業者の過積載違反や過労運転の有無・点検・整備状況などの監査を行う。あるいは、違反を繰り返すと点数が加算され一定の点数になると事業の停止・営業許可の取り消しなどの処分を課すなどの制度が設けられた。2003（平成15）年9月以降の新車の大型トラック（車両総量8トン以上・最大積載量5トン以上）には、一定の速度以上にならない「スピードリミッター」の装着が義務付けられている。

　環境保護の観点から新たに定められ、あるいは強化された規則がある。日本における二酸化炭素排出量の20％が、運輸・輸送分野から発生している。そのうちの約30％がトラックによるものである。二酸化炭素の他にも軽油を燃料とするディーゼルエンジンから出る窒素酸化物（NO_x）や浮遊粒子状物資（SPM）も大きな問題となっている。NO_x・PM法＊が2002（平成14）年5月施行され、東京都をはじめ厳しいディーゼル車規制の実施や、アイドリングストップの義務付け（1日1時間のストップで年間660リットルの燃料節約）など環境保護の観点から規制が強化されている。また、佐川急便やヤマト運輸など宅配便業者やメーカーの物流子会社も、CNGなど環境配慮型自動車の導入を独自に推進している。

第5章　最近の物流と物流業界の動向

1　日本の物流業界の動向

　日本の物流業界の最近の動向について解説する。

　日本の物流業界におけるマクロの動向としては，先に述べたように物流アウトソーシングの進展がある。また，外資系物流企業も含めてのM＆Aや提携が活発化している。資本提携を含め，物流業界の中でも異業種間の提携関係が最近の傾向である。その結果，業種間の垣根が低くなり，競争も同業種間だけでなく異業種間での競争も視野にいれる必要がある時代になった。例えば，日本郵船が日本貨物航空(NCA)を完全子会社化し，日本郵政公社は民営化に伴い物流事業へ参入，全日空と貨物航空会社設立し，これに商船三井，日本通運が資本参加した。日本郵船とヤマト運輸，商船三井と近鉄エクスプレスの提携など，陸海空入り乱れての提携が進んでいる。こうした買収や提携は，これからが本番だ。異業種間の提携や合併・買収によっていくつかの巨大企業が誕生することで，鉄鋼や自動車などと同じように物流業界も寡占化が進むと考えられる。

　日本通運と日本郵便は宅配事業を統合，ヤマト，佐川を進撃するかに見えたが，最終的に日本通運が手を引き「ゆうパック」に統合される形で日本通運は宅配事業から手を引く形になった。日本郵便は，民営化の時点では，ドイツポストをお手本に総合物流事業を目指し，実際いくつかの物流事業者を買収したが，その後は，どちらかというと金融面が重視され，物流企業としての存在感は薄い。2015年豪州物流企業Toll Holdings Limitedを買収し，海外展開を含め再び物流事業の構築への意欲をのぞかせている。

　ミクロの視点で見た物流企業の最近の取り組みは，いくつかのキーワードであらわすことができる。リーン・ロジスティクス(lean logistics)，ICタグ(RFID*)，シックス・シグマ*(six sigma)，可視化(visibility)といったキーワ

ードが挙げられる。リーン・ロジスティクスとは，無駄のない物流を意味する。最小のトータルコストで原材料，仕掛り在庫，また最終製品在庫の地理的位置と動きをコントロールするシステムを設計，管理することである。シックス・シグマは，事業経営の中で起こるミスやエラー，欠陥品の発生確率を「100万分の3.4」という極めて小さいレベルにすることを目指して，継続的な経営改革活動を推進してゆこうとするもの。シグマ(σ)は，統計用語で「バラツキ」を意味するものである。具体的には，ミス・エラーや欠陥商品の発生率を100万個に対して3.4以下に抑えることである。主に製造業で用いられている手法である。もともとは，日本の品質管理の手法を研究してモトローラが作り上げたものであり，それが新しい概念として日本に輸入されたのである。米国では製造業から最近は物流業界における品質管理手法に取り入れられつつある。しかし，日本での注目は長続きしていない。その理由は，日本の物流企業による在庫管理などの精度は，シックス・シグマの活動を導入する必要のない高い精度をすでに達成しているためである。

　こうした，物流企業の取り組みの意味するところ，その最終目的は，顧客満足の実現であり，物流における「価値」の創造である。企業にとって，顧客満足を如何に達成するかでライバルとの差別化を図る。物流がその重要なツールである。つまり，物流，あるいはロジスティクスは単なる，物の時間的，空間的差を克服するだけが役割ではない。物流の目的は顧客満足である。

2　アジアの物流とその動向

　2016年の日本の貿易相手は，中国が21.6％と最大である。次いで北米17.2％，アセアンが15.0％とつづく。中国，アセアン及びその他のアジアを加えると日本の貿易の半分以上を占める。特に，アセアンは，個別の国だけではそれほど多くないがアセアン全体でみるとその重要性に注目される。近年，海外進出が目覚ましい日系企業であるが，デモや人件費の高騰から，いわゆるチャイナリスクの拡大を避けるため「チャイナ＋ワン」が加速している。その進出先が，バングラデシュ，カンボジアや最近ではミャンマーなどアジアの国々で

(表5-1) アジアに本社機能を移転した日系企業の例

企　業	移転先	適　用
三菱商事	シンガポール	金属資源の貿易・販売本社機能
HOYA	タイ・シンガポール	眼鏡レンズ事業部，CEOがシンガポールに常駐
パナソニック	シンガポール	調達本部機能
三井化学	シンガポール	自動車向け樹脂改質材事業部
Ocean Network Express (ONE)	シンガポール	邦船3社による定期船会社の本社

出所：日経新聞(2012年12月22日)を参考に筆者加筆。

(表5-2) 中小アパレル企業の脱中国の例

企業名	本社所在地	内容	最近の動向
小島衣料	岐阜市	婦人服(OEM)	バングラデシュ(ダッカ)に工場新設(4,400m^2)。従業員500人採用。月産婦人服3万着。現在中国4工場で100％－＞中国生産比率を15％へ。
丸久	徳島県鳴門市	子供服	中国・インドに次ぐ3番目の工場をバングラデシュに新設(30％)。中国の生産シェア70％－＞45％へ。
ハイブリッド販売	福岡県宗像市	リゾート風衣料	中国からインドへ生産シフト(インドの協力工場による生産比率拡大)。中国40％－＞10％以下へ
コロナマルタイ	大阪市	「芯地」開発・販売	ベトナムに新会社設立。現地の協力工場で芯地の生産。
ドリーム	大阪市	婦人服の製造・販売	インドネシアに工場建設。中国・韓国に次ぐ3番目の工場として，3地域で生産をバランスさせる。

出所：日経新聞(2011年2月23日)。

ある。政治的変化から投資が再開されたミャンマーに注目が集まっている。また，インドネシアも一人当たりGDPが3,000ドルを超え(US$3,512／JETRO調べ)，製造・輸出拠点から同時に，消費市場としても見直されている。また，2015年アセアン経済統合の完全実施により，さらなる貿易の拡大が見込まれるなどアジアに経済活動の中心をおく動きがある。例えば，パナソニックは調達本部を大阪からシンガポールに移動した。日本郵船，商船三井，川崎汽船の3社は，定期船事業を統合し，2017年新会社Ocean Network Express(ONE)を設立し，その事業会社の本社をシンガポールに置いた(前頁の表5-1)。

　2011年3月11日の東日本大震災とそれに続く原発事故，そして電力制限，それに追い打ちをかけてのタイでの洪水。日本製部材の供給不足で世界の工場に影響が及んだ。さらに原油高，中国の人件費の高騰と相次いだことにより，多くの企業でサプライチェーンの見直しが加速した。その動きの1つが「チャイナ＋ワン」である。言い換えれば，グローバル体制の下での生産分散化である。アジア域内の相互補完関係の強化が主軸である(表5-2)。そうした事業の再構築を可能にするのが進展するアジアのインフラである。

　特に，インドシナ半島の道路整備が進み，これまでほとんど海上輸送に頼っていたインドシナ半島内の物流に陸上輸送という選択肢が増えたことの意味は大きい。2006年末に日本のODAで完成したラオスとタイの国境の第2メコン

(表5-3)　インドシナ半島における交通インフラ整備

東西(経済)回廊	ベトナム中部のダナン港からラオス，タイを通りミャンマーのモーラミャインをつなぐ約1,500kmの国際道路。タイとラオスの国境に係る第2メコン橋が2006年12月に完成したことでミャンマー国内を除く全面開通。
南北回廊	雲南省の省都昆明からラオス，ミャンマーを経由してバンコクに至る総延長2,000kmの国際道路。
第2東西回廊	タイのバンコクからカンボジアのプノンペンを経由してベトナム・ホーチミンに至る900kmの国際道路。開通時期未定。
中国・ASEAN縦断鉄道網	マレー半島の南端のシンガポールからタイやベトナムなどを経て中国・雲南省の昆明まで約5,500kmの鉄道網を連結するプロジェクト。2015年に完成予定。

出所：筆者作成。

（図5-1） インドシナ半島の交通インフラ概要

出所：各種資料を基に筆者作成。

橋によって東西回廊がベトナムからタイまでつながり、ハノイからトラックでタイのバンコクまで輸送するサービスができた。これまでバンコク港からホーチミンまたはシンガポール経由でハノイまで1～2週間かかったものがトラックだと2～3日で輸送できる。この東西回廊に代表されるようにインドシナ半

島を中心に物流が陸海空を結びつけた多様に且つ多面的になった。このことは，現地に進出する日系企業にとって大きなプラス材料である。東西回廊は，やがてミャンマーまでつながるのは時間の問題である（48頁の表5-3，49頁の図5-1）。

こうした交通インフラの整備を受けて，住友商事，日本通運や日新によるハノイ・バンコク間のトラック輸送や日本通運のタイ・インド間を陸上輸送＋海上輸送の組み合わせによる複合一貫輸送サービスなどが次々に生まれている。

物流企業のアジア進出も加速している。2012年の動きの一例を挙げる。
① ヨコレイ，タイで冷蔵倉庫増設。
② 日新タイ法人，倉庫・車両増強へ
③ バンテック，インドネシアに新物流センター
④ 山九，インドネシアに倉庫
⑤ 鈴与，タイで定温物流輸送開始
⑥ 鴻池，カンボジア／日本　一貫輸送サービス
⑦ 商船三井，日本郵船，ミャンマー航路開設

また，ミャンマーへの進出も加速している。2012年に駐在員事務所や現地法人を設立した企業の例として，日本通運，上組，鴻池運輸，楠原輸送，鈴与，日立物流などがある。

物流企業を含むあらゆる日系企業がアジア進出を加速させている。その背景には経済成長により消費市場としても東南アジアが魅力的になったことに在る。アジアの物流も大きく変わりつつある。ここで，1990年代以降のアジアの物流動向についてまとめた（次頁の表5-4）。大きな流れとしては，中国沿岸部から内陸部へ，ベトナム・インドなどアジアへの進出。貿易物流から域内の物流ネットワークの構築へとその内容は変化している。

加熱気味のインドシナ半島の物流であるが，課題も少なくない。特に，アセアン内の物流インフラの格差が大きな問題である。ハード面だけでなく，税関システムの違い等ソフト面の問題もある。タイのよく整備された道路とラオスやカンボジアとの違いもあるが，それ以前に，ラオスやカンボジアでは物流と人流が未分化である。バスに貨物を乗せて走るのは一般的である。リヤカーに

(表5-4) 1990年代後半以降のアジア物流動向

年代	経済動向	物流に関する動向
1990年代後半	①東アジア市場統合の進展 ②中国(沿海部)の発展	①海上輸送構造の変化－中国が中心的存在 ②中国への物流企業の進出〔沿岸部中心〕 ③ASEAN域内の人・物・金の移動自由化の進展―貿易・輸送の増加，特に，アジア域内貨物輸送の急増
2000年代後半	①中国からベトナムなどへ投資分散 ②中国沿海部から内陸への投資拡大	①製造業の中国内陸部への進出に伴い物流業も中国内陸部へ事業拡大 ②アジア域内海上輸送ネットワーク整備
現代	①インド，ITから製造業への投資拡大 ②流通業をはじめとする内需型企業のアジア進出 ③ミャンマー，インフラ投資 ④インドネシアにも注目	①中国内陸部の物流ネットワーク整備 ②インド物流インフラ整備 ③インドシナ半島に中国を含んだアジア全体の陸上インフラ，ネットワークの整備 ④日本近海航路の再編の可能性

出所：筆者作成。

乗せて貨物をバスターミナルまで持って行き，到着地のバスターミナルに引取りに行く。そういう風景が一般的である。一方，国境ではマレーシアから大型の最新鋭トラックがみられるというアンバランスな風景が見られる。物流インフラの格差是正が，今後のこの地域の発展には欠かせない。

（写真5-1） ラオス・ビエンチャンのバスターミナルの風景

出所：筆者撮影。

（写真5-2） ラオスの国道をヒトと貨物を乗せ走行中のバス

出所：筆者撮影。

第Ⅱ部

各　　論

第6章　陸運・トラック業

1　トラック運送事業の形態

　陸運・トラック業界は，物流業界の中で最大の業界である。トラック業界の営業収入は，物流業界全体の半分以上を占める。事業者数は62,176社，188万人が働いている。2015年1年間の陸・海・空すべての輸送機関を合計した国内貨物輸送量は，トン数で46億98百万トン，トンキロ（トン数×輸送距離で表した仕事量の単位）では，4,073億トンキロであった。輸送機関別に見ると，トン数では91.3％，トンキロでは50.2％がトラックによる輸送である（図6－1）。

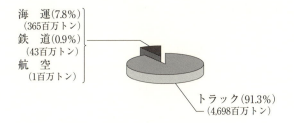

（図6-1）　国内貨物輸送モード別輸送量（2015年）

出所：（一社）日本物流団体連合会〔2017〕6頁。

1－1　自家用トラックと営業用トラック

　トラック輸送は，自家用トラックと営業用トラックによるものに分けられる。自家用トラックは自らの貨物を自分の所有するトラックで輸送するもので事業としての輸送ではない。トラック運送事業としてのトラック輸送は，営業用トラックがその対象になる。日本のトラック台数は，登録ベースで602万台である。そのうちの製造業や流通業が自らの荷物を輸送するために保有する自

(表6-1) 営業用トラックと自家用トラックの比較(2015年)

項　目	営業用	自家用
車両数	1,097千両 (18.2％)	4,922千両 (81.8％)
輸送トン数	2,895百万トン (67.8％)	1,372百万トン (32.2％)
輸送トンキロ	1,756億キロトン (84.1％)	233億キロトン (15.9％)
実働日1車当たり走行キロ	165.8km	110.9km
トン当たり平均輸送キロ	59.1km	21.9km

出所：(一社)日本物流団体連合会〔2017〕49頁。

家用トラックが492万台，物流企業が営業用として保有する営業用トラックは110万台で，18.3％である(2015年)。輸送量では，トン数でトラック輸送全体の67.8％，トンキロで84.1％を営業用トラックが輸送している。トン数ベースでも営業用トラック輸送が自家用トラック輸送を上回り，その差は広がっている。表6-1は，営業用トラックと自家用トラックの輸送効率を比較したものである。ここで，「実働1日1車当たり輸送トンキロ」はトラックの稼動効率をあらわす。この指標で見ると，営業用トラックが自家用トラックの約1.5倍の輸送効率であることがわかる。輸送される貨物の内容を見ると，営業用トラックは農水産物，食料工業品，日用品目など消費関連が，建設関連貨物，金属・機械・石油製品など生産関連それぞれがおよそ30％強とバランスよくいろいろな物を輸送しているのに対して，自家用トラックは建設関連が60％以上と偏っている。

1－2　トラック運送事業の事業形態

トラック運送事業の事業形態には3種類ある。「一般貨物自動車運送事業」，「特定貨物自動車運送事業」及び「貨物軽自動車運送事業」である。これは，貨物自動車運送事業法によって決められている。さらに，「一般貨物自動車運送事業」は，「特別積み合せ貨物運送事業」と「『特積み』以外の一般トラック運送事業」に分けられる。1990(平成2)年12月に施行された「物流二法」(貨物

(図6-2) トラック運送事業形態別事業者数割合(2015年度)

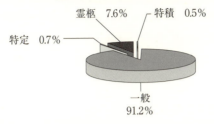

出所：(一社)日本物流団体連合会〔2017〕47頁に筆者補筆。

自動車運送事業法，貨物運送取扱事業法)によりトラック運送事業の規制が抜本的に改められた。それまで，路線トラックと区域トラックとして明確に区分されていた「事業区分」が整理され「一般トラック運送事業」として一般化された。しかしながら，旧区域事業者には中小零細事業者が多く，旧路線事業者が行っていた中長距離混載定期便の事業とは業態に大きな差があることから新法において「特別積み合せ貨物運送事業者」として別扱いにしている。他に，特殊な事業として霊柩運送事業がある。

なお，一般トラック運送事業者は，トラック運送事業者の91％以上を占める(図6-2)。これは，「特別積み合せ貨物運送事業」と「『特積み』以外の一般トラック運送事業」に分けられる。簡単にいえば，「特別積み合せ貨物運送事業」は「定期トラック便」，「『特積み』以外の一般トラック運送事業」を「貸切りトラック」と喩えることができる。バスの「乗合バス」と「貸切りバス」をイメージすればわかりやすい。「物流二法」の施行で，「『特積み』以外の一般トラック運送事業」者も「積み合せ運送」が可能になった。ちなみに，宅配便は，「特別積み合せ貨物運送事業」者が「宅配便運賃」を設定して独自の輸送商品として販売しているものであり，「特別積み合せ貨物運送事業」の一部である。一般には，「特別積み合せ貨物運送事業」者を「特積みトラック事運送業者」，「『特積み』以外の一般トラック運送事業」者を「一般トラック運送事業者」と呼んでいる。

「特定貨物自動車運送事業」は，「特定の者(一荷主)の需要に応じ，有償で自動車による貨物運送する事業」と定義されている。旧法をそのまま引き継いだ

もの。荷主が複数になれば「一般トラック運送事業」の資格が必要になるため，一般事業に切り替える事業者が多く「特定トラック運送事業」者は年々減少した。現在の事業者数は，およそ463社である。

「貨物軽自動車運送事業」は，軽車両によるトラック運送事業であり，バイク便もこの中に入る。車両1台だけといった零細企業が大半であり，全国で10万社あるといわれている。

2　「物流二法」と「物流三法」

トラック運送事業は，1951(昭和26)年7月1日施行の道路運送法によって長い間規制されてきた。これまで，バスやタクシーなど旅客と物流を「道路を使ったサービス」ということで同じ法律で規制してきたものを，トラック運送事業としての独立した制度にしたものが「貨物自動車運送事業法」である。同時に運送取扱事業(フォワーダー)を規定した新法「貨物運送取扱事業法」が，公布・施行された。この2つを合わせて「物流二法」と呼ぶ。この「物流二法」について，以下に解説する。

「物流二法」は，1990(平成2)年12月施行された。このうちの「貨物自動車運送事業法」は，旧道路運送法を40年ぶりに改正したものである。トラック運送事業部門を分離独立した事業法として制定したもので，事業への参入，運賃設定・変更，業態区分等が定められている。

「物流二法」の特徴は，トラック運送事業の大幅な規制緩和である。旧法において新規参入は「免許制」であったが，「許可制」に緩和された。つまり，一定の資格要件さえ満たしていれば誰でもトラック運送事業に参入が可能になった。運賃規制も「認可制」から「(事前)届出制」に緩和された。さらに，「事業区分」が整理され明確に区別されていた路線トラック運送事業と区域トラック運送事業が「一般トラック運送事業」として一本化され，旧区域トラック事業者も積み合せ輸送ができるようになった。

もう1つの特徴は，トラック運送事業者への社会的規制の強化と自己責任体制の明確化である。過労運転防止，過積載禁止が省令から法律によるものに変

更された。また，国家試験による運行管理者を各営業所に置くことを義務付ける安全のための規制を強化している。

つまり，「物流二法」はこれまでの「過保護」,「護送船団方式」から「自己責任」と「競争の促進」へと大きく転換するというものであった。

「物流二法」は，施行後10年経った2000(平成12)年に一部改正され，2003(平成15)年4月に「貨物自動車運送事業法」,「貨物運送取扱事業法」に加えて「鉄道事業」の改正がなされた。これらを総称して「物流三法」と呼ぶ。「物流三法」改正のポイントは，「事業者の柔軟な事業展開を可能にするもので，物流サービス全体の効率化・多様化，物流施上の活性化を図る」というものである。「貨物自動車運送事業法」の主な改正点は，従来の都道府県単位を基本としてきた営業区域制を廃止，全国単位で自由な事業ができるようにしたことにある。また，運賃においても事前届出制を廃止し各々の輸送サービスに対応した料金・運賃設定が可能になった。「物流二法」よりさらに規制緩和が進んだといえる。

3 トラック運送事業の歴史

日本のトラック輸送は，1955(昭和30)年代に入って急成長した。それまでの日本の陸上貨物輸送は鉄道が中心であった。トラックは小型三輪車や軽自動車による鉄道(国鉄)の補完的輸送として小運送，域内輸送など限定された輸送を行っているだけであった。1960(昭和35)年代に政府の所得倍増計画に後押しされて高度成長，大量生産・大量消費時代に入ったことで輸送需要が急増した。鉄道，内航海運だけでは，増大した輸送需要を満たすことはできなかった。この増え続ける輸送需要を吸収したのが，トラックである。車両の大型化，高速道路を含む道路インフラの整備の進展もあり，トラック輸送は急成長した。1955(昭和30)年の国内貨物のトンキロのシェアは，国鉄貨物53％，内航海運36％に対してトラック12％というものであった。1965(昭和40)年には，国鉄貨物31％，内航海運43％，トラック26％になった。1975(昭和50)年には，国鉄貨物は13％までそのシェアを落とし，トラックが36％，内航海運51％と

なった。こうして，陸上輸送はトラックが主役になった。

3－1　戦　前

　鉄道輸送が貨物輸送の中心であり，その末端輸送を受け持つ「小運送」が育成された。「小運送」とは，鉄道輸送の「大運送」に対する言葉である。つまり，鉄道輸送は「駅から駅」であり，「駅から小口」への末端輸送を担うのが「小運送」。戦後の通運事業，鉄道貨物運送取扱事業を指す。1872(明治5)年に新橋～横浜間に鉄道輸送が始まったときに「小運送」も始まった。同年，「陸運元会社」が設立された。1875(明治8)年に内国通運に改称された。陸運会社の総元締めとして「小運送」を独占した他，官営郵便事業も請け負った。「陸運元会社」は，「内国通運」，「国際通運」を経て，現在の「日本通運」となった。

　1879(明治12)年に小運送業が自由化された。そして，現在の形のトラック輸送が始まる。最初のトラック輸送は1902(明治35)年の明治屋食料品店及び三井呉服店(三越百貨店)である。1907(明治40)年自動車による貨物輸送会社が始めて設立された。日本自動車運輸である。

　1933(昭和8)年自動車交通事業法，1937(昭和12)年，小運送業法，日本通運株式会社法が施行された。第2次世界大戦の戦時下，政府によって，トラック業界，小運送業界の統合が進められた。

3－2　1945(昭和20)年代・1955(昭和30)年代

　1955(昭和30)年代前半までは，日本の道路状態は劣悪だった。道路整備が進展するのは1960年代以降である。東京・大阪間の国道1号線が全面舗装されたのは1959(昭和34)年である。ちなみに，1952(昭和27)年の国道は総延長24,000km，舗装率はわずか13.3％であった。

　1955(昭和30)年代後半以降，高速道路を含む道路整備が進み，トラックによる高速大量輸送時代へと入って行く。1959(昭和34)年，国道1号が開通し，路線事業者12社が東海道路線免許を取得した。長距離定期便トラック運行が本格化することになった。

1956（昭和31）年から1957（昭和32）年にかけて「神武景気」，1959（昭和34）年から1961（昭和36）年には「岩戸景気」と日本経済は好調が続き，「大量生産」，「大量消費」の時代を迎え，貨物輸送需要が飛躍的に伸びた。道路整備に集中的に公共事業費がつぎ込まれた。1963（昭和38）年7月，名神高速道路の尼崎・栗東間で日本初の高速道路が開通した。高速道路を含む道路インフラの整備がトラック輸送の拡大を助けたといえる。これまでの国内貨物輸送の中心であった鉄道や内航海運は急増する貨物輸送に対応できず，これらを吸収してトラック輸送が急速に拡大したのがこの時代である。同時に，労働力不足や交通渋滞という新たな問題も引き起こした。

3-3　1965（昭和40）年代

モータリゼーションが進展し，道路の舗装・整備が進展した時代である。トラック輸送も増大した。中でも営業用トラックが大きく伸びた。1965（昭和40）年のトラック輸送は484億トンキロだった。1975（昭和50）年には1,297億トンキロと10年間で2.86倍になった。また，自家用トラックがトラック輸送の中心であったが，1975（昭和50）年は，営業用トラックが輸送トン数で53％と自家用トラックを初めて上回った年でもある。

1968（昭和43）年には，東名高速道路の東京・厚木間が完成，翌年には名神高速道路とつながり，東京・大阪が大型トラックで，10時間で結ばれるようになった。また，1968（昭和43）年には阪九フェリーにより日本初の長距離フェリーが神戸・小倉間に開設された。その後，川崎・宮崎，阪神・東九州，舞鶴・小樽，東京・苫小牧，東京・釧路など日本列島全体にフェリー網が完成し，トラック輸送の効率化に一役買うようになった。トラック輸送は日本の高度成長を支えてきたが，1971（昭和46）年のニクソンショック，1973（昭和48）年の「第1次オイルショック」と日本経済は転換を余儀なくされた。高度成長の終焉である。これまで，経済成長とともに伸びてきた貨物輸送にも変化が現れ始めた。トラック業界においても売り上げの拡大から利益重視へと経営姿勢の転換の時期でもあった。

(表6-2) トラック運送事業の歴史

西暦	主な出来事	備考
1872年	「陸運元会社」設立。小運送のはじめ	新橋〜横浜間鉄道輸送開始
1975年	「陸運元会社」が「内国通運」に改称	
1879年	小運送自由化	業者乱立
1902年	トラック輸送開始 トラック輸送の最初は，明治屋食料品店・三井呉服店(三越百貨店)であった	
1907年	「日本自動車運輸」設立。最初の自動車による貨物輸送会社	
1926年	小運送の大手，「内国通運」・「国際運送」・「明治運送」が合併し，「合同運送」設立	1928(昭和3)年「国際通運」に改称
1933年	自動車交通事業法施行	
1937年	小運送業法，日本通運株式会社法施行	
1952年	国道総延長 24,00km，舗装率13.3%	
1957年	名神高速道路着工	
1959年	国道1号(東京・大阪)全面舗装 関門国道トンネル開通 路線事業者12社が東海道路線免許取得 　－長距離定期便トラック運行が本格化	
1963年	名神高速道路(尼崎・栗東)開通	初めての高速道路開通
1965年	名神高速道路全面開通	高速道路総延長181km
1968年	東名高速道路(東京・厚木)開通 日本初の長距離フェリー神戸・小倉に就航(阪九フェリー)	
1969年	東名・名神高速道路が繋がる	
1976年	宅配便開始。ヤマト運輸が宅急便を始める。	高速道路総延長1,888km
1985年	輸送トンキロでもトラックが内航を抜き，国内貨物輸送のトップに	

西　暦	主な出来事	備　考
1987年	輸送トンキロでトラックがシェア50％超に，国鉄分割民営化，JR貨物誕生	モーダルシフト政策
1990年	「物流二法」施行	
2005年	日本郵政公社民営化法案通過	
2007年	日本郵政会社誕生	

出所：筆者作成．

3-4　1975(昭和50)年代・1985(昭和60)年代

2度の石油危機を経験し，日本の産業構造は大きく変化した。「重厚長大」から「軽薄短小」へ，「第2次産業」から「第3次産業」への変化である。このことは，貨物輸送にも大きな影響を与えた。貨物輸送需要の減少により，特に鉄道，内航海運の輸送量が大きく減少した一方，トラック輸送のみは堅調であった。そして，1985(昭和60)年の国内貨物のトンキロ輸送量は，トラック2,059億トンキロ，内航海運2,058億トンキロ，鉄道219億トンキロとトラック輸送がトップに立った。そして，1987(昭和62)年には，トンキロのシェアが5割を超えた。名実ともにトラックが国内輸送の主役になった。トラックが大きく伸びた一方で，鉄道輸送の衰退が目を引く。国鉄は，1987(昭和62)年分割民営化され，貨物部門はJR貨物として再出発することになった。

また，この時期にトラック輸送の新しいサービスとして誕生したのが「宅配便」である。

3-5　1990(平成2)年～

1985(昭和60)年のプラザ合意後の円高の進展により，輸出が減少し輸入が増加，日本の物流は輸入型へと急速に変化していった。国内貨物輸送も急増するが，輸送力不足が顕在化した。若年労働者不足を背景に運輸省はモーダルシフト政策を掲げ鉄道や内航海運への幹線輸送の振り換えを要請した。

1990(平成2)年「物流二法」の施行で，トラック事業の新規参入は「免許制」から「許可制」へと大幅に規制が緩和された。保護から自由競争への政策

(表6-3) トラックの輸送トン数推移

年	トン数(千トン)	指 数
1965	664,227	27
1975	1,251,482	52
1985	1,891,937	78
1990	2,416,384	100
1991	2,559,405	106
1992	2,503,720	104
1993	2,477,742	103
1994	2,504,830	104
1995	2,633,277	109
1996	2,764,245	114
1997	2,760,452	114
1998	2,731,587	113
1999	2,857,581	118
2000	2,916,222	121
2001	2,881,753	119
2002	2,813,389	116
2003	2,826,770	117
2004	2,815,502	117
2005	2,840,686	118
2006	2,881,688	119
2007	2,908,987	120
2008	2,788,513	115
2009	2,666,521	110
2010	3,100,862	128
2011	3,133,872	130
2012	2,988,696	124
2013	2,967,945	123
2014	2,912,691	121
2015	2,895,374	121

注:指数は,1990年を基準(指数:100)とする。軽自動車を除く。営業トラックのみ。
出所:(一社)日本物流団体連合会〔2017〕42頁。

転換である。これを受けて、新法施行後トラック事業者は毎年1,000〜2,000社増えた。バブル崩壊以後はトラック事業者の収入は低下した。輸送量の減少と競争激化により、倒産も毎年500件程度と高い水準にある。

4 一般トラック事業

4−1 一般トラック事業概況

2015年度のトラック事業者数は、霊柩運送事業を除くと57,471社であった。そのうち「特別積み合せ運送事業」以外の一般トラック事業者(以下、一般トラック事業者)が98.7％、特別積み合せ事業者は0.5％、特定事業者が0.8％である。したがって、一般トラック事業者がほとんどを占めている(次頁表6-4、図6-3)。この一般トラック事業は、「物流二法」施行前は「区域事業」と呼ばれていた。これは、一車貸切りで免許を受けた一定の区域内(原則都道府県単位)や、その区域内に発着する貨物を輸送する、いわゆる「貸切りトラック」だ。「定期トラック便」である路線事業とは明確に区別されていた。「物流二法」施行後は、一本化され、一般トラック事業者も「積み合せ運送」が可能になった。また、その後の順次拡大されていた営業区域は、「物流三法」では廃止され全国単位での営業が可能になった。「特別積み合せ貨物運送」は新法においても、別格扱いで規定されており、特別積み合せ事業を行う場合は、許可申請時に「事業計画」に「特別の要件」を明示しなければならない。ここでは、「『特別積み合せ運送事業』以外の一般トラック事業」について述べる。

1990(平成2)年の「物流二法」による規制緩和の結果、一般トラック事業への新規が大幅に増加している。「物流二法」施行から2000年までの10年間に15,355社増加している(38％増)。なお、2010年までの20年間では、22,916社、57％の増加を記録した。その後、2015年までは概ね横ばいで推移している。一方、特別積み合せ事業者数は、ほぼ横ばいである。また、特定事業者は一般トラック事業への変更もあり減少している。

(表6-4・図6-3) トラック事業者の推移

(単位：社)

西暦 (年度)	トラック事業				
	特別積合せ	一　般	特　定	霊　柩	合　計
1975	379	28,253	1,127	1,387	31,146
1980	356	31,334	1,365	1,578	34,633
1985	337	33,201	1,342	1,714	36,594
1990	297	36,485	1,434	1,856	40,072
1995	285	42,501	1,246	2,606	46,638
1997	279	45,959	1,162	3,081	50,481
1998	276	47,437	1,114	3,292	52,119
1999	275	49,148	1,106	3,490	54,019
2000	272	50,401	1,099	3,655	55,427
2001	268	51,732	1,076	3,795	56,871
2002	276	52,948	1,070	3,852	58,146
2003	280	54,224	994	4,031	59,529
2004	283	55,678	940	4,140	61,041
2005	279	56,695	871	4,211	62,056
2006	282	57,167	806	4,312	62,567
2007	292	57,672	761	4,397	63,122
2008	300	57,457	711	4,424	62,892
2009	299	57,276	657	4,480	62,712
2010	291	57,537	625	4,535	62,988
2011	290	57,600	598	4,594	63,082
2012	280	57,446	567	4,623	62,936
2013	276	57,439	530	4,660	62,905
2014	280	57,217	483	4,657	62,637
2015	286	56,722	463	4,705	62,176

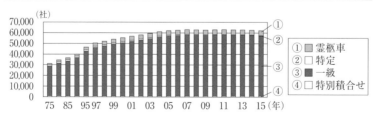

出所：(一社)日本物流団体連合会〔2017〕44頁。

4－2　一般トラック事業の特徴

　次に，特積を含む一般トラック及び特定トラック事業者の特徴を挙げる。第1は，中小零細企業が多いことである。所有車両台数で見ると，一般トラック事業者では10台以下の事業者が53.1％，20台以下では75.9％になる。また，従業員数では，10人以下が45.7％，20人以下では70.3％になる。さらに資本金が1億円以上の事業者はわずか388社，0.7％である。88.7％の事業者が資本金3,000万円以下である。つまり，一般トラック事業者のほとんどが資本金3,000万円以下，所有車両20台以下，従業員20人以下の中小零細企業であるということがいえる。ちなみに，中小企業基本法では「資本金3億円以下ならびに従業員300人以下」を中小企業と規定している。この規定に従えば，一般トラック事業者の99.5％が中小企業ということである。

　第2は，業界が2重，3重の多層構造になっていることである。大手，中小，零細事業者が元請，下請けの関係を保ちながら2重，3重の多層構造を作

（表6-5）　トラック運送事業の規模別事業者数（2016年3月末）

車両数別　　　　　　　　　　　　　　　　　　　　　　　　　　　　（単位：社）

		10台以下	11-20台	21-30台	31-50台	51-100台	101-200台	201-500台	501以上	合計
特別積合せ	会社数	18	8	14	24	56	79	50	37	286
	構成比(%)	6.3	2.8	4.9	8.4	19.6	27.6	17.5	12.9	100.0
一般・特定	会社数	29,853	12,989	5,809	4,319	2,742	747	204	59	56,722
	構成比(%)	53.1	22.8	10.1	7.6	4.7	1.3	0.3	0.1	100.0
合計	会社数	29,871	12,997	5,823	4,343	2,798	826	254	96	57,008
	構成比(%)	52.4	22.8	10.2	7.6	4.9	1.4	0.4	0.2	100.0

従業員数別　　　　　　　　　　　　　　　　　　　　　　　　　　（単位：社）

		10人以下	11-20人	21-30人	31-50人	51-100人	101-200人	201-300人	301-1,000人	1,001人以上	合計
特別積合せ	会社数	8	5	4	22	54	62	40	56	35	286
	構成比(%)	2.8	1.7	1.4	7.7	18.9	21.7	14.0	19.6	12.2	100.0
一般・特定	会社数	25,907	13,978	6,353	5,131	3,608	1,288	262	151	44	56,722
	構成比(%)	45.7	24.6	11.2	9.0	6.4	2.3	0.5	0.3	0.1	100.0
合計	会社数	25,915	13,983	6,357	5,153	3,662	1,350	302	207	79	57,008
	構成比(%)	45.5	24.5	11.2	9.0	6.4	2.4	0.5	0.4	0.1	100.0

出所：(一社)日本物流団体連合会〔2017〕45頁。

っている。小規模・零細事業者は大手・中堅事業者の下請け，つまり大手トラック事業者を荷主として事業展開しているわけである。営業収入規模別に見てみると，日本通運，ヤマト運輸，佐川急便のトップ3社に，福山通運，西濃運輸，日立物流，フットワークエクスプレス，トナミ運輸，センコー，山九のトップ10社（トラック部門のみで比較），営業収入500億円から1,000億円の中堅事業者が約30社，営業収入50億円から500億円の企業群が約300社，営業収入3億円から50億円規模の企業群が2,000から3,000社と推測される。

　第3は，一部の大手企業が市場を支配する構造である。先に挙げたように，トップ10社で営業収入全体の約2割を占めている。また，これらの大手各社は傘下に地域トラック会社を持つなどグループを形成している。企業グループでの大手である日本通運，ヤマト運輸，佐川急便の各グループに福山通運，西濃運輸及びフットワークエクスプレスの六グループの売上高（トラック部門のみ）は23％になる。このように少数の大手が，市場の大部分を握っているといっても過言ではない。

　第4は，荷主との交渉力の弱い点だ。営業収入3億円から50億円以下の大多数の小規模事業者の大半が荷主専属性の高い一般トラック事業者である。したがって，特定の荷主（場合によって傭車の関係を通じて，大手トラック会社の下請けとして）への依存度が高いため，下請けとしての低い地位に甘んじなければならない場合が多く荷主と対等の関係を築きにくい。このため，立場は一般的に弱い。こうした弱い立場を補うために各地の小規模事業者同士が輸送ネットを組む動きもある。帰り荷の斡旋や，共同受注などの動きをするグループが現れている。

5　特別積み合せ事業

　特別積み合せ貨物運送とは，「不特定多数の顧客から集貨した貨物を営業所（ターミナル）で仕分けし，貨物を積み合せて他のターミナルへ輸送し，配送に必要な仕分けを行うもので，営業所（ターミナル）間積み合せ運送を定期的におこなうもの」（国土交通省「貨物自動車運送事業法」より）と定義されている。い

わゆる「定期トラック便」のことで，「物流二法」施行以前には路線事業と呼ばれていた。この「特別積み合せ事業」者数は，1975(昭和50)年379社，1985(昭和60)年337社，「物流二法」施行の1990(平成2)年には297社，1995(平成7)年285社，2004(平成16)年には280社，2010(平成22)年は291社，2015(平成27)年には286社とその数に大きな変化はない。特別積み合せ事業では，より多くの輸・配送ネットを構築した企業が競争上有利になる。結果として，資本力の差になり，倒産や企業合併が進み中小企業が少しずつ淘汰されてきたといえる。特別積み合せ事業を行うためには，輸・配送のネットワークを構築しなければならないために膨大な投資が必要である。そのため，「物流二法」施行により規制緩和が行われた後も新規参入は一社もない。ちなみに宅配便は，特別積み合せ事業者が「宅配便運賃」と名称を別途設定して独自の輸送商品として売り出しているものである。メール便も同様である。

　トラック運送業は，一般的に「労働集約型産業」である。特別積み合せ事業については，莫大な設備投資の必要な「装置産業」の両面を持っていが，労働集約的産業よいう面が，宅配便によって，個人の小口荷物を扱うようになって，さらに加速している。特別積み合せ事業者の規模を見ると，所有車両台数100台以上の事業者が58.0％である。一般トラック事業者の大半が所有車両20台以下であることと対照的だ。また，従業員数では，100人以上の事業者が67.5％。特別積み合せ事業を行うには大きな資本が必要であるためといえる。一般トラック事業者に比べ小数の大規模な事業者により構成されていることがわかる。

6　宅　配　便

6-1　宅配便の定義

　宅配便についての行政上の定義は，次の通りである。

「一般貨物自動車運送事業の特別積み合せ貨物運送又はこれに準ずる貨物の運送及び利用運送事業の鉄道貨物運送，内航海運，貨物自動車運送，航空貨物運送のいずれか又はこれらを組み合わせて利用する運送であって，重量30キ

ログラム以下の一口一個の貨物を特別な名称を付して運送した貨物」(国土交通省「貨物自動車運送事業法」より)。

　つまり，宅配便は，「貨物自動車運送事業法」に定められた特別積み合せ事業の一部で，特別に名称をつけて商品として販売するものだということである。

　宅配便は，トラックが中心だが，鉄道輸送，船舶輸送，航空輸送のいずれでも構わない。ただし，30キログラム以下であること，荷物が30万円以下，「宅急便」，「カンガルー便」など固有の名称がついていることが必要条件である。同様のサービスに日本郵便の「ゆうパック」がある。宅配便は，国土交通省の管轄，日本郵政公社時代の「ゆうパック」(郵便小包)は総務省管轄(郵便法，日本郵政公社法に従う)であり，「ゆうパック」と宅配便は法的には別物であったが，民営化後から郵便法は適用されなくなり，宅配便と同一に扱われることになった(2007年)。

　なお，2007年「ゆうパック」と日本通運「ペリカン便」の事業統合を発表，2009年4月1日JPエクスプレスが「ペリカン便」との統合後の「ゆうパック」事業を開始した。2010年7月，日本郵便がJPエクスプレスから宅配便事業(ペリカン便)を譲り受け，新たな「ゆうパック」として再スタートした。この段階で日本通運は宅配便事業から完全に撤退したことになる。

6-2　宅配便の歴史(創成期)

　宅配便は，1976(昭和51)年にヤマト運輸が「宅急便」の名称で販売を始めたサービスである。1月20日，初日の取扱個数は11個だった。初年度の取扱個数は300万個。翌年には日本通運が「ペリカン便」，西濃運輸は「カンガルー便」(当初は「ふるさと便」の名称)でそれぞれ宅配便事業を始めた。初めの数年間，取扱個数は伸びず採算にも乗らなかった。1977(昭和52)年の宅配便取扱個数は600万個，郵便小包1億9,000万個。鉄道小包が5,800万個であった。ヤマト運輸は，この時代に着実に地盤を固めていた。そして，1981(昭和56)年頃から取扱量が伸び始め，フットワークなど新たな参入者と日本郵政公社の本格的な反攻政策もあり宅配便の本格的競争の時代に突入した。しかし，そのときには，すでにヤマト運輸が確実に地盤を固めトップの座を確実なものにし

(表6-6) 宅配便名別取扱量(平成22年度)

(個数ベース)

企業名	宅配便名称	取扱個数(万個)	構成比(％)
ヤマト運輸	「宅急便」	173,126	46.7
佐川急便	「飛脚宅配便」	119,830	32.3
日本郵便	「ゆうパック」	51,302	13.8
福山通運他25社	「フクツー宅配便」	12,044	3.3
西濃運輸他21社	「カンガルー便」	13,341	3.6
その他	(16便)	803	0.2
合　計	(21便)	370,447	100.0

出所：(一社)日本物流団体連合会〔2017〕118頁。

ていた。現在までヤマト運輸がトップの座を守っている。宅配便のヤマト運輸のシェアは1981(昭和56)年59％，1985(昭和60)年61％，1988(昭和63)年67％，1991(平成3)年70％であった。

その後もヤマト運輸は，宅配便のリーディングカンパニーとして次々に新しい商品を生み出し市場を開拓してきた。1983(昭和58)年「スキー宅急便」，1986(昭和61)年には「コレクトサービス」，1984(昭和59)年「ゴルフ宅急便」，1988(昭和63)年「クール宅急便」，1989(平成元)年「空港宅急便」をはじめ，夜間配達やメールで配達時間を通知するサービスなども始めた。

6－3　宅配便事業者と市場規模

宅配便事業者は宅配便事業だけの営業収入を公表していないので正確な市場は把握できないが，推定市場規模は3～4兆円程度であり，通販の拡大に伴い増加している。取扱個数は総数でおよそ37億個である。ヤマト運輸が17億3,126万個で46.7％のシェアを占めている。次が，佐川急便の32.3％，3位が日本郵便13.8％，4位が西濃運輸の3.6％，5位が福山通運3.3％である。上位5社で99.8％のシェアを持っている(表6-6)。完全な寡占市場である。

6-4　将来の宅配便事業

　宅配便市場では，パイの奪い合いだけでなく新しい商品と市場を拡大することが求められている。メール便もその1つ。また，宅配事業による一般家庭との接点を生かした生活支援事業も有望だ。生協やスーパー，コンビニも食料品や弁当の個配も始めた。こうしたサービスを支えるのも宅配事業者である。また，ヤマト運輸は，インターネットを使ったサービスでより利便性を高める方針を打ち出している。さらに，国際宅配事業も市場の拡大という意味では避けて通れない。ただし，国際宅配便市場は，すでにドイツポスト，UPSやフェデックスなどの巨人が市場を支配している。また，こうした巨人たちの日本の宅配市場への参入も考えておかなければならない。宅配便事業における本当の意味の競争はこれからが本番である。

6-5　メール便

　メール便も宅配便と同様に特別積み合せ事業の特別な形態と考えられる。宅配便との違いは，宅配便は届けた先で確認の印鑑，サインが必要であるが，メール便は，投函することでサービスが完了し，受け取り確認を必要としない点である。以下，国土交通省「貨物自動車運送事業法」によるメール便の定義である。

(表6-7)　メール便取扱冊数(2016年度)

便名	取扱事業者	取扱冊数(千冊)	対前年度比(％)	構成比(％)
ゆうメール	日本郵便(株)	3,562,851	100.7％	67.4％
クロネコDM便	ヤマト運輸(株)	1,542,166	100.4％	29.2％
ポストウェイメール便	(株)ポストウェイ	94,904	106.8％	1.8％
中越メール便	中越運送(株)	45,555	83.0％	0.9％
飛脚メール便	佐川急便(株)	40,889	87.6％	0.8％
カンガルーメール便	西濃運輸(株)	1,539	95.8％	0.0％
フクツーメール便	福山通運(株)	1,429	93.8％	0.0％
その他(3便)		265	67.8％	0.0％
合　計(10便)		5,289,598	100.5％	100.0％

出所：国土交通省〈http://www.mlit.go.jp〉。

「書籍，雑誌，商品目録等比較的軽量な荷物を荷送り人から引き受け，それらを荷受人の郵便受け箱等に投函することにより運送行為を終了する運送サービスであって，重量1キログラム以下の一口一冊の貨物を特別な名称を付して運送した貨物」。

2007(平成19)年郵政民営化により，郵便事業(株)は貨物自動車運送事業法等の適用を受けることとなった。このため郵便事業(株)の「ゆうメール」も他のメール便と同等の扱いとなった。

メール便の取扱個数は総数で約52億8,960万個であった(2016年)。そのうち日本郵便(株)の「ゆうメール」が35億6,285万個で67.4％，ヤマト運輸の「クロネコメール便」が15億4,217万個で29.2％のシェアを持っている。2社で96.6％を占めている。次いで(株)ポストウェイの「ポストウェイメール便」が1.8％と続く。メール便は寡占というより日本郵便(株)とヤマト運輸の2社による独占にちかい状況である(表6-7)。

7　トラック運送事業の課題

7－1　労働集約型産業としてのトラック事業と労働力不足

トラック運送事業のコストは，運送費と一般管理費に分けられる。およそ85対15である。運送費には，ドライバーの人件費，燃料油代，修繕費，減価償却費，保険料，施設使用料，自動車リース料，事故賠償費や道路・フェリー利用料等がある。最大のコストは人件費である。運送費の中の人件費の割合は，47％程度を占めている。バブル崩壊後の貨物需要の減少を背景にトラック運賃も下落している。そのためドライバーの給与も下降傾向にある。厚生労働省の調べによると，2010(平成22)年のトラック運転手の平均所定内賃金は262,100円/月，全産業平均は296,200円/月に比べて1割以上の差がある。こうした賃金の差は，長期的には，トラック業界の労働力不足を招く。実際，近年の宅配便の拡大などからトラックへの需要が拡大しており，このためトラックドライバー不足が大きな問題となっており，トラックドライバーの労働環境の改善への取組みが始まっている。また，ドライバー不足対策の1つとして無

人走行トラックの実施実験も取組みがスタートしている。ヤマト運輸はDeNAと共同で，無人トラックによる配送「ロボネコヤマト」の導入を検討している。

7-2 エネルギー・環境問題

　トラック輸送の課題は，NO_x（窒素酸化物），CO_2（二酸化炭素）の排出抑制である。地球温暖化や酸性雨など地球環境保護の世界的な取り組みが始まっている。1997（平成9）年京都で開催された地球温暖化防止会議において，2000年以降のCO_2の削減目標が決められた（京都議定書）。わが国の目標は2020年までの間1990年を基準に6％の削減である。日本のCO_2排出量の運輸分野はおよそ2割を占めている。運輸部門の中におけるトラック輸送の占める割合は3割。営業用，自家用トラックがおよそ半々である。最も多いのは乗用車で，約5割となる。トラック輸送におけるNO_x，CO_2排出抑制は，社会問題であり，今後の発展の社会的制約要因になることも考えられる。アイドリングストップや自動車NO_x法（首都圏，阪神圏の車種規制）やスピードリミッターの導入など，環境対策への取り組みがなされている。

　エネルギー利用の効率化も，トラック業界における大きな課題である。エネルギーの最終需要の24％を運輸部門が占めており，乗用車とトラックのエネルギーの効率的な利用への対策が急がれている。トラックが，運輸部門のエネルギー消費の40％を使っている。このうち，貨物部門を見ると自家用，営業用トラック輸送が全体の90％を占めている。トンキロベースのトラック輸送の割合は約半分であるから，トラック輸送のエネルギー輸送の効率が悪いことがわかる。政府を中心に鉄道，内航海運への「モーダルシフト」が進められている。また，電気自動車，メタノール車，CNG（圧縮天然ガス）車など低公害車の導入を進めている。低公害車の導入は，ヤマト運輸，佐川急便，日本通運など大手は積極的に導入を図っているが，コスト面から中小トラック事業者にとっては負担が大きく，全体として導入は進展していないのが現状である。

7-3 道路混雑問題と効率化と安全

　高速道路や大都市圏の道路の渋滞は，慢性化している。このことによる経済

(図6-4) トラック業界を取り巻く経営環境

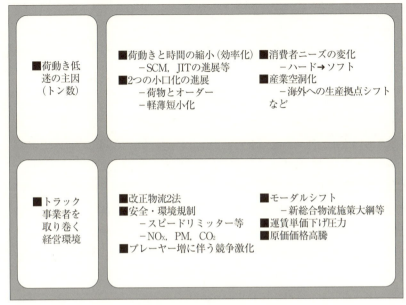

出所:みずほコーポレート銀行産業調査部編著〔2005〕。

的損失は大きく,改善が求められている。交通混雑による経済的損失は,12兆円ともいわれる。交通混雑は,トラックの輸送時間の増加,配送時の不確実性を招く。また,無理に納品を急ぐあまりに事故につながることもある。法定速度違反や過積載,過労運転などによる事故も増えている。

ITS*(Intelligent Transport System:高度道路交通システム)などの進んだ情報技術を導入することによって,道路の渋滞緩和に取り組んでいる。具体的には,VICS(道路交通情報通信システム)やETC*(自動料金収受システム)等のサービスが開始され拡大している。これらの機器やサービスの拡大は,高速道路料金所での混雑減少に役立っている。スピードリミッターの導入は,法定速度違反の減少と事故の減少につながるものと期待されている。また,トラック業界として,積載効率,運行効率を上げるための取り組みも行われている。

その1つが,「求荷・求車情報システム*」である。これは,「帰りの荷物がない」という空車情報と「どこ向けにどういう荷物がある」という貨物情報を

マッチングさせることで，トラックを空で走ることがないようにして運行，輸送効率を高めようというものである。結果として採算も改善される。「求荷・求車情報システム」にはいくつかある。その代表的なものが全日本トラック協会によって開発され，日本貨物運送共同組合連合会が運営する「WeKIT」である。会員数や情報の登録件数で最大規模のシステムの1つといえる。

　共同運行や共同配送＊による効率化への取り組みも行われている。大都市間の幹線輸送で，1994年から全日本トラック協会のバックアップで特別積み合せ事業者による幹線共同運行が実施されている。また，都市内において共同で集配業務を行う共同配送も行われている。博多天神地区の共同集配が有名だ。天神地区で発着する貨物を一元化し，トラック事業者の共同出資会社「天神地区共同輸送（株）」が受託して集配するというもの。また，最近はビルの高層化に伴って超高層ビル内で発生する輸送貨物を一元的に取り扱うシステムが一般化している。西新宿超高層ビルを対象とした「摩天楼スタッフ便」が良く知られている。実施主体は「協同組合新宿摩天楼」による「納品代行＊業務」というものである。新しく建設される超高層ビルのほとんどが何らかの形の共同集配システムを取り入れている。これは「館内物流」などとも呼ばれている。佐川急便やヤマト運輸，日本通運などの大手が積極的に取り組んでいるサービスの1つ。サービスの効率化はもちろんであるが，大手事業者にとってはビル内のテナントの囲い込み戦略でもある。

7−4　過当競争体質と対荷主の力の弱さ

　トラック運賃は常に荷主の値下げ圧力に晒されている。トラック事業者の多さによる供給過多が原因である。規制緩和によるトラック事業者の増加が，さらなる運賃単価下げ圧力となっている。加えて，トラック事業者のほとんどが中小企業であり，特定荷主への過度の依存体質から荷主との立場では常に従属的なものにならざるを得ないのが現状である。その対応手段としてトラック事業者は，出荷・在庫管理，流通加工や代金決済などそのサービス範囲を広げている。特に近年は，3PLといった高度な物流サービスを提供するトラック事業者が増えている。これは旧来型の，単なる「輸送」から「物流業」あるいは

「ロジスティクス・サービス・プロバイダー」への変身を意味している。単なる運賃競争からの脱皮，「量」から「質」への転換がキーワードである。

　もう1つの競争は，国内同業者間の競争から外国資本の物流業者や異業種との競争である。また，トラック事業者が物流業への転換を図る一方，倉庫業や海運，空運業もトラックを含めた物流全般のサービスを展開している。その結果，業種間の垣根がなくなっている。トラック事業者の競争相手は同業のトラック事業者だけでなく，物流企業すべてである。また，海外の大手物流業者の日本への進出が本格化している。今後さらなる進出が見込まれる。すでにフェデックス，UPSやDHLのトラックを街中でよく見る。トラック事業の競争環境は益々厳しいものになるならざるを得ない。

第7章 鉄　　　道

1　鉄道貨物輸送の始まり

　鉄道の歴史は古く，1872(明治5)年新橋・横浜間で政府直営事業として開業したのが最初である。貨物輸送は，翌1873(明治6)年に始まった。明治・大正時代には道路も未整備であり自動車輸送は限定的であった。そのため鉄道輸送が旅客・貨物ともに中心的役割を果たした。戦後1955(昭和30)年頃から鉄道輸送の伸びが鈍化する。その原因の1つがわが国のエネルギーの主役の交代によるものである。それまでの石炭から石油にエネルギーの主役が代わり，輸送も鉄道から内航海運へと比重が移った。また，1960年代に入ると道路，港湾の整備が進みトラックとの競争においてもシェアを失っていった。
　鉄道輸送のシェア減少の背景は，石炭から石油へのエネルギー交代だけでなく，戦後の高度成長と産業構造の変化も見逃せない。つまり重厚長大型産業から軽薄短小方への変化である。さらに，内陸部に立地していた工場は，原料が国内産中心から輸入原料へシフトするにつれて臨海型に移り，鉄道輸送への依存度が下がった。その結果，鉄道の国内貨物輸送に占める割合はトンベースでは，わずかに0.9％にまで減少。トンキロでも5.3％に過ぎないまでに減少した。

2　鉄道貨物輸送の歴史

　1872(明治5)年新橋(汐留)・横浜間の鉄道が開通，翌1873(明治6)年新橋・横浜間で1日1往復の貨物輸送が開始された。これが日本の鉄道による貨物輸送の始まりである。その翌年の1874(明治7)年には，大阪・神戸間の貨物輸送が開始された。そして，1889(明治22)年には東海道線が全面開通した。
　日本の鉄道は新橋・横浜間がそうであったように，初めは政府直営の事業で

(表7-1) 貨物鉄道の歴史

年	出来事
1872年	新橋(汐留)・横浜(桜木町)間にはじめての鉄道が開通
1873年	新橋・横浜間の貨物輸送開始(定期1往復)
1874年	大阪・神戸間の貨物輸送開始
1889年	東海道線(横浜・神戸)全面開通
1892年	鉄道敷設法公布
1906年	鉄道国有法公布
1913年	東海道線全線複線化完了
1949年	「日本国有鉄道」発足
1956年	東海道線全線電化完了
1959年	汐留・梅田間で5トンコンテナ専用特急列車「たから号」運行開始
1964年	トンベースで鉄道輸送量最大を記録 2億661万トン
1969年	汐留・梅田間で固定編成・高速コンテナ列車「フレートライナー」運行開始
1970年	キロトンで鉄道輸送量最大624億3,500万トンキロを記録
1984年	1978年よりヤード継送輸送方式から拠点間直行輸送方式に切り替え,1984年ヤード継送輸送方式を廃止
1987年	国鉄の分割民営化実施,日本貨物鉄道株式会社(JR貨物)発足 東京・北海道間で30フィートコンテナ輸送開始
1988年	青函トンネル,瀬戸大橋開通 東京・北海道間のクールコンテナ輸送開始 札幌・福岡間直通日本縦貫ライナー列車運行開始
1991年	自動車専用輸送用コンテナ「カーパック」関東・九州間で開始
1994年	貨物情報ネットワークシステム(FRENS)が始動
1995年	自動車輸送専用貨車によるカーラックシステムの営業開始 (名古屋貨物ターミナル・新潟貨物ターミナル間)
2000年	LNG鉄道輸送開始(新潟貨物駅ターミナル・金沢間)
2003年	博多・上海間の国際一環輸送開始(高速RORO船「上海スーパーエクスプレス」利用)
2004年	特急コンテナ電車「スーパーレールカーゴ」営業運行開始

出所:日本貨物鉄道(株)〔2003〕,JR貨物〈http://www.jrfreight.co.jp〉。

あった。富国強兵策の一環として明治政府によって鉄道の建設が進められたが,財政的な問題もありその後,民間企業に鉄道建設の役割が移った。1892(明治25)年の鉄道敷設法により全国に鉄道路線が拡張し,民間資本による鉄道の割合は75%にまでなった。しかし,日清,日露戦争を経験した日本では,

鉄道が軍隊の兵站の重要な役割を担うことが認識され，1906（明治39）年鉄道国有化法の公布に伴い，鉄道の90％が国有化，鉄道省の管轄化におかれることになった。第2次世界大戦までこの体制が続いた。終戦後1949（昭和24）年，GHQの要請で鉄道省管轄下の鉄道は，公共企業体（＝公社）・日本国有鉄道（国鉄）に衣替えした。日本のエネルギー転換，産業構造変化により，鉄道はその輸送シェアを失っていった。加えて，続発する労使紛争は輸送の停滞を引き起こし，利用者からの信頼を失い，貨物部門の赤字は膨らむ一方であった。

こうした状況を背景に，1987（昭和62）年日本国有鉄道の民営化が実施された。貨物と旅客が分離され，旅客部門は北海道・東日本・東海・西日本・四国・九州の6つに分割された。一方，貨物は産業と密接に関連していることや，輸送距離が長く往復で貨物の流れに不均衡があるなど，旅客輸送とは性格を異にしていることから，独立した全国を網羅する鉄道会社である日本貨物鉄道株式会社（JR貨物）が発足した。その際，線路のほとんどは各旅客会社に帰属することになったため，JR貨物は各旅客会社に，使用料を支払って，貨物輸送を行うことになった。そのため民営化の時点で大幅な改革も実施した。石油・セメントなどは専用列車にし，コンテナ輸送は，それまでの「ヤード継送輸送方式」から「拠点間直行輸送方式」に変更する。その結果，貨物駅の数は800駅から460駅に半減し，従業員数も54,000人から12,000人に大幅に削減された。

このように，鉄道輸送は，開始時は国営，その後主役は民間へ移ったが，日清・日露戦争を経て再び国有化され第2次世界大戦が終わるまで国家の管轄下にあった。戦後，公社（国鉄）の時代を経て，現在は民営化されるといったように，時代の要請によって国営，民間，公社，民間とその経営主体が移り変わってきた。

3　鉄道貨物輸送の現状

鉄道による2015年度の貨物輸送は，輸送トン数4,321万トン，輸送トンキロでは215億1,900万トンキロである（表7-2）。10年前と比べると輸送トン数で約19％，輸送トンキロで約5.7％の減少である。また，これらの鉄道貨

(表7-2) JR/私鉄の貨物輸送量推移

輸送トン数　　　　　　　　　　　　　　　　　　　　　　　　　（単位：千トン）

年	JR			私鉄			合計		
	車扱	コンテナ	合計	車扱	コンテナ	合計	車扱	コンテナ	合計
1993	33,550	19,628	53,178	24,800	1,281	26,081	58,350	20,909	79,259
1998	19,744	20,860	40,604	17,718	2,047	19,765	37,462	22,907	60,369
2003	15,573	21,979	37,552	13,353	2,698	16,051	28,926	24,677	53,603
2010	10,344	20,446	30,790	10,158	2,699	12,857	20,502	23,145	43,647
2011	10,060	19,589	29,649	7,963	2,274	10,237	18,023	21,863	39,886
2012	9,299	20,448	29,787	9,883	2,669	12,552	19,183	23,157	42,340

輸送トンキロ　　　　　　　　（単位：百万トンキロ）

年	JR			私鉄	合計
	車扱	コンテナ	合計	合計	
1993	6,585	18,442	25,027	406	25,433
1998	3,612	19,031	22,643	277	22,920
2003	2,825	19,740	22,565	229	22,794
2010	1,774	18,454	20,228	171	20,398
2011	1,838	18,014	19,852	146	19,998
2012	1,481	18,673	20,154	317	20,471

出所：(一財)運輸政策研究機構編〔2014〕。

を輸送しているのは，JR貨物以外に民間鉄道会社である私鉄もある。鉄道による輸送トン数4,234万トンの内，約30％に当たる1,255万トンが私鉄で運ばれている（2012年）。しかしながら，私鉄は秩父セメントの輸送を担った秩父鉄道（1996年セメント輸送は廃止された），相模川で採取される砂利輸送が目的だった相模鉄道のように特定の鉱山，工業地域や港湾などとの関連が強く，その営業キロは短く，JR貨物の支線的な役割を果たしてきた。それは輸送トンキロで見た場合，私鉄における鉄道貨物輸送の割合がわずか1.5％であることからわかる。したがって，鉄道貨物の主役はJR貨物である。JR貨物で輸送される貨物は，全体として減少している。コンテナ輸送の割合は年々増加しているが，車扱といわれる専用貨車で輸送される貨物が大幅に減少しているからだ。1993年には車扱とコンテナ輸送の比率はトンベースで69対31だったが，

10年後の2003年には同42対58と逆転している。2012年の車扱とコンテナ輸送の割合はトンベースで31対69。トンキロベースでは7：93とコンテナ輸送の割合が大きく伸びている。

4　日本貨物鉄道株式会社（JR貨物）

　鉄道貨物輸送の主役であるJR貨物について触れておく。日本貨物鉄道株式会社（JR貨物）は，1987（昭和62）年4月1日，日本国有鉄道（国鉄）の民営化により誕生した。本社は東京都，2017年3月のデータによれば資本金190億円，従業員数5,529人，売上高1,546億円（うち関連事業177億円）となっている（図7-1）。営業線区は75線区あり，そのうち第一種免許区間は12区間。営業キロは7,961.8キロメートル，そのうち第一種事業免許は33.0キロメートルである。取扱い駅は242駅，列車本数は456本／日。所有車両は電気機関車429両・ディーゼル機関車161両・貨物電車42両，貨車はコンテナ車7,268両・その他65両・私有貨車1,883両である。保有コンテナは，JRコンテナ67,433個，私有コンテナは17,686個となっている。

　鉄道事業は，第一種，第二種，第三種事業に分けられる。自前の設備（線路など）を保有して旅客や貨物を輸送する事業を第一種，線路などを他社から借りて事業を展開する場合を第二種鉄道事業という。第三種は設備を貸し出す事業である。JR貨物は，自前の線路はほとんど所有しておらず，各旅客会社の線路使用料を払って事業を運営している。つまり，JR貨物の事業のほとんどが，第二種鉄道事業である。

　また，JR貨物は貨物鉄道輸送の他にも倉庫業や駐車場，駅跡地を利用あるいは，駅構内に商業施設を運営している。他にも，オフィスビルや賃貸マンションの経営など幅広い事業展開をしている。

第7章 鉄　　道　83

（図7-1）　JR貨物－売上高・輸送量推移，輸送品目

◎営業収入推移（億円）

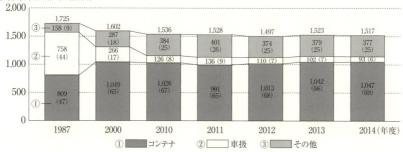

注：（　）内の数字はその年度の全売上高に対する比率を示す（単位%）。

◎輸送量の推移（万トン）

注：（　）内の数字は年度毎の扱別ウェイトを示す（単位%）。

◎車扱輸送量の品目別内訳（2015年度）

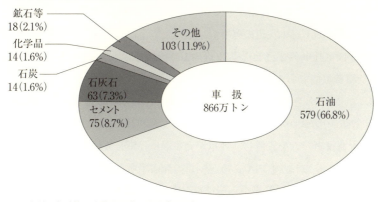

出所：（一社）日本物流団体連合会〔2017〕。

5 鉄道貨物輸送方法

鉄道貨物輸送は大きく2つに分類できる。コンテナ輸送と車扱輸送である。

5－1 コンテナ輸送

コンテナ輸送は，オンレールと呼ばれるJR貨物が担当する鉄道輸送部分とオフレールと呼ばれるトラックによる集貨・配送部分が一体となったドア・ツー・ドアの複合一貫輸送サービスである。オフレールの部分は，鉄道利用運送事業者のトラックによって行われる。

JR貨物によるオンレールサービスは，北海道から九州まで全国の輸送が可能であり，「スーパーレールカーゴ」というコンテナ専用特急電車も運行されている。また，高速RORO船「上海エクスプレス」を利用しての日中間のコンテナ輸送や，国際フェリーを使った日韓間のコンテナ輸送も可能である。コンテナに入る貨物であればどんな貨物の輸送も可能で，全国138の貨物駅で取り扱っている。コンテナ専用列車は定時運行でそのダイヤは正確であり，中長距離輸送において優位性を持っている。また，2004年3月に運行を始めた特急コンテナ電車「スーパーレールカーゴ」は最高速度，時速130キロメートルの高速で東京・大阪間（東京貨物ターミナル・安治川口駅，600キロメートル）を約6時間で結ぶ。1日1往復の運行で，宅配便の小口貨物輸送にも利用されている。両端に電動車各2台と貨車12両の16両編成で，31フィートコンテナが最大28個積載可能である。

現在，コンテナを扱う貨物駅の多くでE＆S(effective ＆ speedy container handling system)方式が取り入れられている。E＆S方式とは，発着線に隣接してコンテナ荷役ホームを設置し，列車が発着線に停車している間に荷役を行うことができるようにしたものである。列車の発着場所と荷役場所を一体化することで，従来のように発着線から荷役線へ電車を入れ替える必要がなくなり，荷役がスムーズに短時間で行えるようになった。これにより列車の停車時間が大幅に短縮され，輸送時間の短縮に貢献している。E＆S駅における荷役のための最短停車時間は，8分で可能ということだ。E＆S式は，1986年開業の岐

阜貨物ターミナルを皮切りに2004年3月までに全国26の貨物駅に導入されている。

5-2 車扱輸送

貨車自体に貨物を積載して輸送する方法を車扱輸送といい，貨車を一車貸切って輸送する。主に，石油・セメントなど大量輸送される産業物資輸送に利用されている。車扱輸送貨物は，全国253駅（2010年）で取り扱われるが，コンテナのように全国を網羅しているわけではない。あらかじめ定められた区間で輸送される。これは，先述のように車扱輸送が産業物資輸送中心であり，特定の企業と結びついていることが多いからだ。

車扱で輸送される貨物は，石油が圧倒的に多くJR貨物の66.8％を占めている。次いで，セメントの8.7％，石灰石7.3％，鉱石等2.1％，石炭1.6％，化学品1.6％と続く（83頁の図7-1）。石油・紙パルプ業界をはじめ，業界再編と輸送効率化の影響を受け車扱輸送量は年々減少している。しかし，海外から輸入・精製された石油の内陸地域への輸送には，今でも車扱の鉄道輸送が多く利用されている。関東圏の150～200キロメートル圏において毎日20本の列車が活躍している。

例えば，内陸県である長野県向けの石油の80％，群馬県向けは96％がJR貨物の車扱輸送が利用されている。このように車扱輸送はまだまだ重要な役割を担っているのも事実である。

6 国際物流への取り組み

経済のグローバル化と企業活動の国際化に伴い貨物輸送の国際化も進んでいる。とりわけ，中国や韓国との貨物輸送はもはや準国内輸送であるとさえいわれている。こうした変化と顧客のニーズに応える形でJR貨物でも国際海上コンテナの輸送やJRの12フィートコンテナを利用しての中国や韓国との輸出入貨物輸送にも力を注いでいる。

2003年高速RORO船による博多・上海間の「上海スーパーエクスプレス」が

営業を始めたのをきっかけに，高速RORO船とJR貨物の高速コンテナ専用列車を組み合わせ，博多港・福岡貨物ターミナル駅経由で上海と日本国内各駅を結ぶ定曜日・日中一貫輸送サービスを始めた。2015年12月，このサービスは廃止となった。主なユーザーであるアパレル産業の中国から東南アジアへのシフトなどのため荷動きの減少に加え，本船の老齢化もあり航路の廃止に追い込まれた。また，2004年7月からカメリアラインの博多・釜山間の国際フェリー航路を利用して，フェリーと鉄道を組み合わせた日韓の高速輸送サービスも始めた。これは週6便運航されている。どちらもJR貨物の12フィートコンテナを使用しており，小口ロットの便利さと航空貨物輸送に劣らないスピードを売り物にしている。

　2006年末，日本・中国・韓国の3カ国の外相により，3カ国相互のトラックやシャシーの相互乗り入れの実現に向けての話し合いが始まった。トラックやシャシーの相互乗り入れが実現すれば，日中韓の貨物の移動はよりスムーズになる。このことは，国際フェリーやRORO船によるサービスにとっては追い風となる。それに伴い，JRコンテナへのニーズもますます高まることになる。こうした状況を背景に，今後とも国際物流に対する荷主のニーズはますます高まってくるのは間違いない。

　JR貨物もそうした荷主の声に応えるべく，国際物流へ対応は欠かせないものである。しかし，国際物流の主流は20フィート，40フィートの海上コンテナである。現在のJR貨物では海上コンテナ輸送には限界があり，また，12フィートコンテナの海外展開による韓国，中国への内陸輸送の問題や拡大するコンテナ数とその回収の問題，結果としてのコストアップにいかに対処するかが大きな課題となる。

第8章 倉　庫　業

1　倉庫と倉庫業

　倉庫は，生活に必要な品物や企業の生産活動に伴う原材料・部品・製品を保管し，送り出す拠点である。輸配送・保管といった役割を果たすことで倉庫は生産・流通・消費といった物流を円滑にし，経済活動に寄与している。物流には，輸配送・保管・荷役・包装・在庫管理・流通加工・物流情報処理（受発注業務）などの機能がある。これらの物流機能のうちの輸配送と保管が倉庫業の役割の中心である。

　倉庫業の業務の中心は輸配送・保管であるが，その業務内容は時代とともに，社会や経済の変化とともに変化している。現代の倉庫には，単に品物を保管するだけでなく，在庫管理や流通加工などの多種多様な業務が求められている。また，保管といっても冷凍・冷蔵などの温度管理などその内容は高度化している。倉庫そのものも，機械化・自動化・情報化で，その内容は，より高度化している。企業や社会のニーズの変化によって，倉庫自身が常に進化・発展しているといえる。

　次に，倉庫とは何か。倉庫の定義を考える。大辞泉には，倉庫とは「貨物・物品などの貯蔵・保管をするための建物，くら」となっている。つまり，一般的には，工場や商店の倉庫の他にも農家の納屋や家屋の物置も品物を保管するための建物であれば倉庫ということになる。こうした一般的な概念と法律的概念は違う。大辞泉には，次の説明もある。「法律で，倉庫営業者が他人の物品を保管するために設けた建物その他の設備」また，「倉庫業法」（昭和31年第121号，第2条）には，次のように記載されている。

　「倉庫とは，物品の減失若しくは損傷を防止するための工作物又は物品の減失若しくは損傷を防止するための工作を施した土地若しくは水面であって，物品の保管の用に供するものをいう」。

したがって，法律の面から倉庫を考えると，倉庫とは，物品を保管する施設としての建物だけでなく，土地・水面が含まれることになる。また，単に貯蔵するだけでなく，加えて物理的管理を行い物品の価値を維持・増加させることが必要条件といる。また，倉庫業法では，「倉庫業を営もうとする者は，国土交通大臣の行う登録を受けなければならない」と規定されている。これは，倉庫業が国民生活の基盤を支えるものとして公共性の高い産業だからである。倉庫業者として登録を受けるためには倉庫の種類ごとに定められた施設・設備基準を満たし，事業を適切に運営管理するための「倉庫管理主任者」を置かなければならない。

2　倉庫の種類

倉庫には，製造業・流通業者が自ら物品を保管する「自家用倉庫」，倉庫業法による登録を受けた倉庫業者が他人の物品を扱い保管する「営業倉庫」，農業倉庫業法による認可を受けた農業共同組合が営む「農業倉庫」と事業協同組合・漁業協同組合などが組合員の物品を保管する「共同組合倉庫」の4つがある(表8-1)。このうち，一般に倉庫業でいうところの倉庫は「営業倉庫」を指す。この営業倉庫は，大きく3つに分類される。普通倉庫・冷蔵倉庫・水面倉庫の3つである(表8-2)。

①　普通倉庫……法律上の分類の1～4類，6類，7類倉庫を総称した名称。農業，鉱業(金属，原油・天然ガスなど)，製造業(食品，繊維，化学工業，紙・パルプなど)といったいろいろな産業の貨物及び消費者の家財，美術品，骨董品などの財産も保管する。

②　冷蔵倉庫……法律上の分類は8類倉庫にあたる。食肉，水産物，冷凍食品など10℃以下で保管することが適切な貨物を保管する。

③　水面倉庫……原木を水面で保管するもの。法律上の分類は5類倉庫。

普通倉庫はさらに，大きく5つに分類される。

①　1～3類倉庫……一般に目にすることの多い倉庫。建屋型の倉庫で，施

(表8-1) 倉庫の種類

倉庫	自家用倉庫	製造業・流通業者が自ら物品を保管する倉庫
	営業倉庫	倉庫業法による登録を受けた倉庫業者が他人の物品を預かり保管する倉庫
	農業倉庫	農業倉庫業法による認可を受けた農業共同組合等が営む倉庫
	共同組合倉庫	事業協同組合，漁業共同組合等が組合員の物品を保管する倉庫

出所：加藤〔2002〕4頁。

(表8-2) 営業倉庫の種類

営業倉庫	普通倉庫	1～3類倉庫…農業・鉱業・製造業・消費財など幅広い物品の保管倉庫
		野積倉庫（4類）…柵や塀で囲まれた野積場。鉱物，材木，自動車などを保管
		貯蔵槽倉庫（6類）…サイロ・タンク。サイロは小麦・大麦・トウモロコシを保管，タンクは液状のものを保管
		危険品倉庫（7類）…危険物・高圧ガスなどを保管
		トランクルーム（1～8類）
	冷蔵倉庫	（8類）食肉・水産物・冷凍食品など10℃以下で保管するのが適切な貨物を保管する倉庫
	水面倉庫	（5類）原木を水面で保管

出所：加藤〔2002〕6頁。

設・設備基準の分類によって1～3類の3つに分類されている。

② 野積倉庫（4類）……柵や塀で囲まれた野積場。鉱物，材木，自動車などが保管される。

③ 貯蔵槽倉庫（6類）……サイロやタンクと呼ばれるもの。サイロは，小麦・大麦・トウモロコシなどの穀物が保管される。タンクは石油などの液体貨物が保管される。

④ 危険品倉庫（7類）……建屋，野積，貯蔵槽，冷蔵などの倉庫に危険物や高圧ガスなどを保管する。危険品倉庫は倉庫業法と同時に保管する物品の種類によって，消防法，高圧ガス保安法などの関連法規を満たしているこ

とが必要である。

⑤ トランクルーム（1〜8類）……家財・美術骨董品，ピアノ，書籍など個人の財産を保管する。1〜8類のどの倉庫でも営業できる。

3　倉庫業の現状

　2015年度の倉庫事業者数は，普通倉庫が最も多く，4,884社で全体の81％を占めている（図8-1）。次いで冷蔵倉庫が1,147社で19％，水面倉庫は6社で，全体の1％未満である。1990年代は，事業者数で年率およそ20％，倉庫の面積・容積及び保管残高は同30％の伸びを示したが，2000年代に入ってからは，横ばいか微増というところである。倉庫業は，他の物流業と同様に中小企業が多いのが特徴である。中小企業の割合は約91％である。もう1つの特徴は兼業比率が高いことが挙げられる。倉庫業者の多くが港湾運送業，国際輸送業，トラック輸送業，不動産業などを行っている。普通倉庫業者の過半数が，運送業者でもあるといえる。

　2015年度の倉庫業のデータを数字で見てみると，物流業界全体の営業収入は24兆5,945億円であるが，倉庫業は1兆6,587億円で，これは全体の6.7％である。トラック業界，外航海運業界に次ぐ規模である。また，事業者数は，

〔図8-1〕　普通倉庫事業者数の推移

出所：（一社）日本物流団体連合会〔2017〕88頁。

物流業界全体75,019社，倉庫業は6,037社で8.0％である。従業員数は，物流業界全体約216万人に対して，倉庫業界は8万9000人で，4.1％である。

(表8-3) 普通倉庫事業者数及び倉庫面容積推移

年度	事業者数 社	1～3類倉庫 千m²	危険品倉庫 千m²	野積倉庫 千m²	貯蔵槽倉庫 千m³	危険品タンク 千m³
1987	2,789	23,049	234	4,069	8,259	21,444
1988	2,853	24,063	232	3,967	8,787	26,071
1989	2,972	25,395	247	4,001	8,994	27,933
1990	3,037	26,781	252	4,031	9,398	29,201
1991	3,168	27,877	263	4,233	9,542	29,070
1992	3,282	29,741	268	4,338	9,731	34,152
1993	3,384	31,251	277	4,464	10,058	38,288
1994	3,469	32,277	291	4,499	10,066	42,897
1995	3,509	33,048	301	4,455	10,131	42,250
1996	3,610	33,842	302	4,491	10,262	47,489
1997	3,727	35,223	308	4,457	10,359	47,939
1998	3,795	36,424	343	4,442	10,364	47,896
1999	3,826	37,078	355	4,393	10,476	47,903
2000	3,852	37,419	362	4,184	10,496	47,876
2001	3,843	37,111	401	4,199	10,576	47,828
2002	3,842	37,444	406	4,021	10,664	47,748
2003	3,902	37,274	373	3,870	10,548	7,869
2004	3,961	35,737	367	37,980	10,615	8,737
2005	4,025	36,197	416	4,117	9,073	9,658
2006	4,132	37,976	409	4,084	9,259	5,871
2007	4,223	38,672	421	4,326	9,274	9,115
2008	4,453	37,923	394	4,131	8,985	9,254
2009	4,555	38,388	377	3,977	8,883	9,083
2010	4,637	40,425	477	4,049	9,616	9,765
2011	4,725	34,423	413	3,720	8,576	5,255
2012	4,886	41,171	466	3,609	10,530	9,960
2013	4,798	38,453	470	3,891	8,322	8,545
2014	4,849	38,792	464	3,269	8,037	9,365
2015	4,884	46,178	517	4,338	10,693	5,075

注：危険品タンク所管容積の大幅減は，石油公団法等の廃止により，2004年2月より国家石油備蓄会社が倉庫事業者でなくなったため。
出所：(一社)日本物流団体連合会〔2017〕88頁。

4 倉庫業の変遷

倉庫は古代から人の営みがあるころには常に存在していた。米などの農産物や用具の保管庫として利用されてきたと考えられている。弥生時代の高床式倉庫はその代表的なものである。さらに、遡って縄文時代の遺跡で有名な青森県の三内丸山遺跡で見つかった貯蔵穴も明らかに食料などの保存のためのものである。つまり縄文時代からすでに保管＝倉庫が存在したことが明らかであるということだ。江戸時代には、各藩・幕府の年貢米を貯蔵するための蔵が大阪・江戸とその中継地にあった。また、有力な商人も各地に蔵を持っていた。しかし、現代的な意味での本格的な倉庫業が確立するのは明治以降のことである。

以下、明治から今日までの倉庫業の変遷を辿った。

4－1 明治時代

近代倉庫業は、1880（明治13）年、三菱為替店（東京三菱UFJ銀行と三菱倉庫の前身）が設立したときに始まる。金融部と倉庫部で営業が始められた。同店では、保管業と貸庫業を併せて蔵敷業務と呼んでいた。この三菱為替店の蔵敷業務が日本の倉庫業の始まりといわれている。当時の保管業は倉庫に担保品を保管し、金銭の貸出しを行うことであった。保管料はなく金利の形で受け取っていた。このように、この頃の倉庫業は金融業的色彩が強かった。本来的に倉庫業は、保管と金融の機能を持っていた。実際に、倉荷証券という有価証券が発行されていた。あまり知られていないが、今でも倉荷証券はある。現在、実際に発行され、使用されることはほとんどない。

4－2 大正時代

日清戦争・日露戦争後、倉庫業は大きく発展した。この頃、港湾倉庫業が始まった。港湾地域に倉庫や上屋が建設され、船舶が接岸し荷役ができるように桟橋が造られた。また、港湾内に鉄道引込み線が敷設された。こうして、港湾倉庫が、海陸をつなぐ役割を果たすようになった。

冷蔵倉庫や国立の倉庫が多く建設されたのもこの時代である。政府が取り扱

う，米・塩・タバコなどを扱う国立の保管庫が整備され，鉄道の駅においても鉄道省の運営する倉庫が，秋葉原や梅田に作られた。東京，大阪の卸売市場では，冷蔵倉庫の兼営が始まった。

4－3　昭和初期～第2次世界大戦

昭和10(1935)年，倉庫業法が制定された。

倉庫が，生産財，消費財や農産物の需給調整機能を果たすようになった。倉荷証券の発行で金融機能の役割も担った。また，鉄道輸送のための倉庫が内陸にも多く設置されたのもこの時代である。1937(昭和12)年7月に勃発した盧溝橋事件を境に，日華事変，太平洋戦争へと進んでいく中で，倉庫業における規制が強まり，戦時中は，倉庫も国家統制下に置かれることになった。

4－4　戦後・1955(昭和30)年代

戦後復興期には運輸省主導による倉庫の復興・再建が行われた。1948(昭和23)年，普通倉庫復興5カ年計画が作成・実行され，倉庫の建設が進んだ。1956(昭和31)年，新倉庫法が制定され，倉庫の営業は許可制になった。こうした倉庫の復興が，戦後の本格的産業成長を支えたといえる。また，ばら積みの穀物を保管するためのサイロの利用が一般的になったのは，昭和30年代以降のことである。臨海地域に，多くのグリーンエレベーターやサイロが建設された。

4－5　1965(昭和40)～1985(昭和60)年代

日本経済の高度成長を背景に，倉庫需要が拡大する中で，新たな物流サービスに対応した時代である。海上輸送におけるコンテナリゼーションが進展し，輸入貨物が増加した。こうした変化に対応した結果，臨港倉庫での保管業務や倉庫での流通加工の増加，トラックによる小口配送も増えた。具体的には，倉庫内の作業方式が変わった。ユニット・ロード*・システムが普及し，フォークリフトとパレット*による作業が中心になった。コンテナの普及により多くの倉庫事業者が，コンテナ・ターミナルの運営やコンテナ陸送など新しい業務

分野へ進出した。モータリゼーションにより、郊外型の大規模団地倉庫が建設される一方で、大都市の交通渋滞による物流機能の低下の懸念から、都市周辺の高速道路の近くに流通団地が設置された。

4-6　1989(平成元)年～現在

輸入促進を目的に、全国2カ所に、FAZ(フリー・アクセス・ゾーン)が、1992(平成3)年制定された。FAZシテイ港湾地域では、輸入貨物の保管のため定温倉庫や流通加工の設備を持った国際物流センターが建設されている。多くの顧客が、経営にサプライチェーン・マネジメントなどの手法を取り入れた。その結果、在庫削減圧力が強まっている。また、物流のアウトソーシングが大きな流れになるという状況下、倉庫業は自ら運送業を手がけるだけでなく、顧客の物流全体を請け負うことも必要になった。3PL事業へ進出するなど、物流サービスの高度化・複雑化への対応と、倉庫業自身の変革の時代を迎えている。

5　倉庫内業務

倉庫内で実際行われる業務・作業には、以下のようなものがある。
① 検　　品：入庫する商品の個数やダメージがないかなどの検査。
② 入　　庫：検品された商品を受け入れ、倉庫内の保管場所を決める。
③ 保　　管：入庫商品を決められた場所に保管する。

(図8-2)　倉庫内業務の流れ

出所：筆者作成。

④　流通加工：必要に応じて保管商品のラベル張りや包装などを行う。
⑤　ピッキング：出荷指示に従い商品を取り出す。
⑤　仕分け：取り出された商品を配達先別に分ける。
⑦　出　庫：トラックへ積み込み，荷物を出す。

　倉庫で重要なことは，保管されている商品の在庫管理である。現在，コンピュータの能力向上で，倉庫内の在庫管理及び作業管理などは，WMS＊(Warehouse Management System)と呼ぶ倉庫管理システムによって管理されるのが，一般的である。

6　倉庫業の動向と課題

　倉庫業を取り巻く環境は，IT技術の進歩，規制緩和と国際化などによって大きく変化している。そして，物流からロジスティクスへと顧客企業の物流に対する考え方も大きく変わっている。物流が，経営の中心的役割を果たす時代になりつつある。また，一段と厳しさを増す競争に勝ち残るための戦略としての物流アウトソーシングの流れは変わらない。顧客の物流へのニーズは高まり，物流は，ますます複雑化・高度化している。好むと好まざるとにかかわらず，倉庫も顧客企業のサプライチェーンに組み込まれる。こうした中で，倉庫業も変革を余儀なくされている。サプライチェーンにおける自らの役割を果たし，顧客のニーズに応えるためには，3PLなどの新しい分野にも積極的に取り組んでいかなければならない。
　倉庫業は，国内産業の典型であった。しかし，今や倉庫業も国際化の波を避けられなくなっている。外資系企業が，顧客リストに名前を連ねるだけではない。近年，ABMブラックパイン，GLPやプロロジスといった物流施設不動産業の日本での活動が活発だ。大手倉庫業者の中には，自ら倉庫を所有せず，先に挙げたプロロジスなどの物流施設開発専門会社が建設した倉庫を借りて，運営する傾向が目立っている。このように，従来の自ら倉庫を所有してそれをもって倉庫業を営むという，倉庫業の概念そのものも変化している。

また倉庫事業者の海外展開も最近の見逃がせない動向の1つである。

　日系企業の海外進出，なかでも流通など消費産業が目立つ。またアジアを中心に所得の向上とともに，食文化にも変化がおこっている。こうした状況を背景に，アジアで需要が高まっている低温物流分野における進出が注目される。タイで定温倉庫を建設し低温物流に取りくむ鴻池運輸や日新，ヨコレイなど多くの例があげられる。

　もう1つの大きな変化は，業界の垣根がなくなりつつあることである。もともと倉庫業の特徴の1つは運送業などを兼営する企業が多いことであるが，最近は陸運会社，船会社，航空会社においてもあらゆる物流サービスをメニューに加えようとしている。企業買収及び提携によるものなどその戦略に違いはあるが，目指すところは，あらゆる顧客ニーズに応えられる体制の構築である。したがって，倉庫業における競争はもはや同業界内だけではない。物流業界すべてに競争相手は存在する。また，国内企業のみならず外国企業も競争相手として登場している。

　最後に，こうした状況の中における倉庫業の課題と問題点を挙げる。

　倉庫業の抱える課題は，以下の通りである。

① 　人手不足である。労働力の高学歴化と，高齢化が進んでいる。こうした状況を背景に，倉庫の自動化やロボットの導入が進んでいる。アマゾンやニトリなど人手不足解消のためにロボットの導入が急ピッチで進んでいる。

② 　作業範囲・責任の曖昧化の問題がある。従来は，庫前渡しが原則であったが，近年その原則がゆらぎ，責任範囲があいまいであり，その範囲が広がっている。

③ 　顧客のニーズの拡大，複雑化が挙げられる。作業のダウンサイジングが進展しており，本来顧客が自分でやっていた作業が倉庫業者にアウトソースされている。流通加工など作業が増大しており，こうした作業には物流知識に加えて商品知識が要求される面も少なくない。また，個別の物流業務でなく包括的なアウトソーシングのニーズも高まっている。

こうした課題を克服し，倉庫業が発展するために重要なことは，何より人材育成である。労働力としての人手ではなく，ロジスティクスの専門知識を持った優秀な人材が必要である。顧客のニーズを掴み，物流効率化・改善の提案ができる能力を持った人材が必要である。今後もますます物流アウトソーシングは増加すると見込まれる。倉庫業にとどまらず，3PLなど新しい領域の物流サービスに取り組むに当たって，顧客に対する物流改善の提案能力が最重要である。それぞれの倉庫業者にとって，いかに優秀な物流マンを確保できるかが，今後の企業の発展の鍵となる。

第9章　内航海運業

1　内航海運の定義

　櫓櫂船，漁船以外の船舶による海上における物品の輸送で，船積地及び陸揚地のいずれもが本邦内にあるものを内航運送といい，これを事業とするものを内航海運業という。

　内航海運業は，明治維新後の近代産業の発展により石炭その他の工業原料や資材の主要な国内輸送手段として発達してきた。特に，石炭輸送が内航海運の重要な柱であった。その後1960年代以降の高度成長期を向えエネルギーが石炭から石油に代わり，内航海運の輸送需要も石炭から石油にシフトし，順調に拡大してきた。しかし，第2次オイルショックを契機とした日本の産業構造の変化は，臨海型の素材産業から内陸型の組み立て産業へ，さらには第3次産業にシフトしていった。貨物輸送需要は軽薄短小化が進展し，トラック輸送が急速に伸びることになった。また，近年のグローバリゼーションによる企業統合や拠点の再配備・統廃合も内航海運に大きな影響を与えている。一方，環境保護やトラックドライバー不足の観点からモーダルシフトに再び注目が集まっている。このことは内航海運には追い風である。

2　内航海運の現状

　2015年度の内航海運による貨物輸送量は，36,500万トンであった。これは，外航海運による輸出入貨物輸送量の約半分である。これを，10トントラックで換算すると3,650万台分に相当する。しかし，これは国内貨物輸送量全体で見ると8％弱にすぎない。1975(昭和50)年の9％をピークに減少傾向にある。輸送量においても1990(平成2)年の57,520万トンをピークにして減少している。輸送活動量(トンキロ＝トン数×距離(キロ))で見ると，1975(昭和50)年

(表9-1) 内航船種類別船腹量（2017年度3月31日）

	隻数	総トン数	平均総トン数
一般貨物船	3,460	1,868,740	540
自動車専用船	16	72,884	4,555
セメント専用船	140	394,740	2,820
土・砂利・石材専用船	350	223,184	638
油送船	940	944,100	1,004
特殊タンク船	290	196,607	676
合　計	5,196	3,700,255	712

出所：日本内航海運組合総連合会「内航海運の活動」（平成29年度版）。

には国内貨物輸送量全体の50％以上を内航海運が担っていたが，その後シェアを下げ続けている。2010年度にはついに40％を下回った。近年，再び40％を上回るようになった。内航船舶数は5,196隻，船腹量は370万総トンである（表9-1）。内航事業者は，3,004社，船員総数は20,438人である。内航事業者の99.6％が資本金3億円以下，従業員300人以下の中小零細企業である。大手オペレーター会社20社が営業収入全体の20％，船腹量の30％を占めている。事業者1社当たりの運航隻数で見ると運航隻数1隻が38.7％，2隻が15.8％，3隻8.8％，4隻8.8％と5隻未満の事業者が70％以上である。内航海運の市場の特徴はピラミッド型市場構造にある。内航貨物の大半が大手企業の原材料，半製品，製品であり，荷主であるメーカーとの結びつきが深く，内航海運事業者の中においても，内航運送事業者（オペレーター）と内航船舶貸渡業者を（オーナー）の関係が緊密である。このため，特定荷主の系列化，傭船や下請化といった多重的な取引関係から荷主企業を頂点にしたピラミッド型の市場構造ができている。このことは，荷主企業にとっては輸送の安定化に，オペレーター・オーナーにとっては経営の安定化に役立っているという面と，一方では市場を閉鎖的にし，競争を妨げているという両面がある。近年，法改正などを通じて優越的地位の乱用や不公正取引に規制を加えるなど垂直的・不平等な関係を是正しようという努力がされている。

品目別の内航海運輸送量は，石油製品，非鉄金属，金属，セメント，砂利，砂，石材，化学製品，機会，石炭が輸送量でも輸送トンキロでも80％以上を

占めている。こうした産業素材の輸送が内航海運貨物の中心である。

3 内航海運の分類

内航海運は，その運航形態により定期船（ライナー）と不定期船（トランパー）に分けられる。

定期船は，一般貨物を輸送する。コンテナ船やRORO（ロールオン・ロールオフ）船がある。この他に，フェリーがあるが，法令上フェリーは内航海運業とは別に体系付けられている。

内航海運が「内航海運業法」の適用を受けるのに対して，フェリーは「海上運送法」の適用を受ける。ちなみにフェリーは旅客定員数（12名）により旅客フェリーと貨物フェリーに分けられる。1965（昭和40）年代に長距離フェリーが発達し，雑貨を積んだトラックを積載するようになったが，大量輸送という観点からは必ずしも効率がよくないことからRORO船やコンテナ船が開発され，

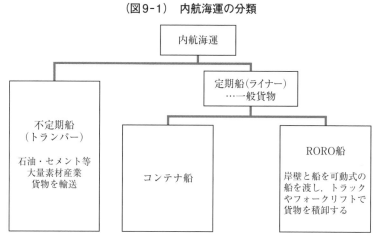

（図9-1） 内航海運の分類

注：フェリーも国内貨物を輸送するが，フェリーは法律上別の体系に属している。内航海運が「内航海運業法」の適用を受けるのに対して，フェリーは「海上運送法」の適用を受ける。このため内航海運の分類から除外した。
出所：筆者作成。

現在の内航における雑貨輸送の主役はRORO船とコンテナ船である。コンテナ船は，主として外航コンテナ貨物の国内フィーダー輸送を専門にする事業者と国内コンテナ専門に扱う事業者に分かれている。

　不定期船は，石油やセメントなど主として大量素材産業の貨物を運ぶ。これらは，自動車は自動車専用船，石油はタンカーというようにそれぞれの品目によって専用に造られた船によって輸送されるのが特徴である。これら不定期船は，大企業の製品や原材料の輸送を担っており，これらの企業と深く結びついていることからインダストリアルキャリアと呼ばれる。これに対して，定期船は，不特定多数の顧客を対象にしていることが多く，コモンキャリアと呼ばれる。内航海運で輸送される貨物の85％は，不定期船によって輸送される素材産業貨物である。

4　内航海運事業者の種類

　内航海運業は，内航運送業と内航船舶貸渡業に分けられる。内航運送業は，他人の需要に応じて，物品の内航運送を業とする事業である。内航船舶貸渡は，内航運送の用に供される船舶の貸渡事業，つまり所有する船舶でもって運送事業を行うのではなく船舶の運航事業者に貸し出すこと自体を事業としている。一般に，内航運送事業者を「オペレーター」，内航船舶貸渡業者を「オーナー」と呼ぶ。これらの，内航海運事業者数は，2017年3月31日現在3,466社ある。このうち休止等事業者が462社あり，営業事業者は3,004社である。休止事業者を除いた営業事業者の内訳は，登録事業者数では，運送事業者が633社，貸渡事業者が1,317社の計1,950社である。届出事業者では，運送事業者が871社，貸渡事業者が183社の計1,054社である。100総トン以上又は全長30メートル以上の船舶は国土交通省の許可対象になっている。これ未満の船舶は届出だけでいい。ここで，許可事業者と届出事業はというのは，内航運送業においては，使用船舶の自己所有船舶量が1,000総トン又は使用船腹量のいずれか大きい総トン数を超えていることとされている。同時に使用船腹3隻以上であり，うち1隻は自己所有であることとなっている。内航船舶貸渡業

では，100総トン以上の船舶を3隻，または合計900総トン，もしくは1,800重量トン以上の船舶を所有するものとなっている。

2005年4月1日，内航海運業法が改正，施行された。改正後の内航海運業法では，許可制が登録制へと規制緩和され，許可事業者は登録事業者となった。同時に，内航海運運送業及び内航船舶貸渡業の事業区分も廃止された。改正後の分類による統計がまだ出ていないため，ここでは改正前の分類を使った。

5　内航二法と船腹調整事業

5-1　内航二法

1964（昭和39）年6月，「小型船海運業法」と「小型船海運組合法」が改正され，「内航海運業法」と「内航海運組合法」が成立した。この2つが，いわゆる「内航二法」である。

「内航二法」の目的は，「内航海運業の健全な発達を図り，もって内航運送の円滑な運営と内航海運業の安定を確保し，国民経済の健全な発展に資する」，つまり，内航海運業界の秩序を確立することであり，具体的には，船腹量の適正化と取引条件の改善を目指したものである。その背景には，好況期には輸送需要が増加し，船腹不足から新造船の建造が積極的に行われ，一方，景気が低迷しても簡単に船腹調整はできないことから過剰船腹状態に陥るという海運市場の特徴がある。

1960年代に入り内航海運業界では中小事業者が乱立，過当競争と過剰船腹の問題が深刻になっていた。1963（昭和38）年運輸大臣の私的諮問機関として設置された「内航海運問題懇談会」による答申を受けて，1964（昭和39）年成立したのが「内航二法」である。「内航海運業法」では事業が許可制になり，「内航海運組合法」では海運組合の結成が定められた。そして，「内航海運業法」における適正船腹量の策定と「内航海運組合法」における組合による船腹調整事業によって，船腹量の適正化が図られることになった。日本内航海運組合総連合会によって「船腹調整事業」が実施されてきたが，一方で新規参入や自由な競争を抑制することになった。最近の規制緩和の流れの中で，1998（平

(表9-2) 1964年「内航二法」の目的と骨子

目的	内航海運業法	内航海運組合法
業界秩序の確立	内航海運事業の許可制	①海運組合の組織 ②海運組合による各種調整事業及び団体協約
船腹量の適正化	①適正船腹量の策定 ②船腹量の最高限度の設定 ③自家用船舶に対する規制	海運組合による船腹調整事業 ・建造調整 ・共同解撤 ・共同係船 ・配船調整
取引条件の改善	①標準運賃,料金及び傭船など料の設定 ②運送取扱業に対する営業保証金供託制度	①調整運賃,料金及び傭船料などの設定 ②適正な運賃,傭船料の算出と指導
その他		海運組合による共同事業

出所:(株)ジェイアール貨物リサーチセンター〔2004〕93頁。

成10)年5月「内航海運暫定措置事業」が実施され「船腹調整事業」は廃止された。「内航二法」による「船腹調整事業」は,1966(昭和41)年に実施されて以来,30年以上にわたって内航海運事業を規制してきた。

5-2 船腹調整事業

「船腹調整事業」は,新たに船舶を建造(ビルト)する場合,一定の割合で既存船の解撤(スクラップ)を義務付けられた。船腹過剰を防ぐ目的で船腹調整をしようとするものである。新造船の建造に対して既存船のスクラップを引き当てることが条件になっているので,スクラップ・アンド・ビルト方式といわれた。新たに船を建造する場合は,既存船がなければならず,結果として事実上内航海運への新規参入は制限されることになった。また,このスクラップ引き当てが権利として売買されるようになった。

1990年代に入り,「物流二法」によって陸運業界の規制緩和が進む中で,内航海運業界においても船腹調整事業による事業の拡大や新規参入の制限の緩和を求める声が大きくなった。こうした声を受け,内航海運を活性化すべく,

「船腹調整事業」の廃止が決まった。スクラップ引き当ての権利が売買され、財産的価値を有するものになっている現状から、一挙に廃止することによる混乱を避けるため、計画的に廃止することに決まった。その緩和措置として導入されたのが、「内航海運暫定措置事業」である。これは、新たに船舶を建造するに際して、引き当て資格がなくても一定の建造納付金を支払えば建造を可能にするものである。また、自己所有船を解撤する事業者は、従来であればその権利を売ることができたわけだが、「船腹調整事業」の廃止に伴って、売却できなくなった。そこで、解撤する事業者は、日本内航海運組合総連合会から解撤等交付金が支給される。同時に、モーダルシフトを進めるために、RORO船（500キロメートルを超える航路に就航予定の1万総トン以上）やコンテナ船（6,000総トン以上）については、建造納付金を大幅に引き下げ、新造船の建造をしやすくしている。「船腹調整事業」の廃止、「内航海運暫定措置事業」の導入により、新規参入と自由な競争を促進することにより内航海運業界の構造の改善をスムーズに進めようとしている。

　内航海運は、1964年に成立した内航二法（内航海運業法、内航海運組合法）のもとで、船腹調整事業から暫定措置事業へと形を変えながらもカルテルによる業界運営が半世紀以上続いてきた。間もなく、その暫定措置事業も終わりを迎えようとしている。

　2013年12月に2016年度以降の規定改定に関して国土交通大臣の認可を受け、2015年3月には、その新たな枠組みの実施細則も決まり、いよいよカルテル廃止に向けて歩み始めた。2024年には暫定措置事業が終了することになったが、2015年、2016年の新造船の建造申請がそれぞれ100隻を超え建造納付金が高い水準であったことから2016年度末の借入残高は248億円となったことを受けて、暫定措置事業の終了を1年前倒しして2023年とすることが決まった。

　暫定措置事業が終了したからといって、カルテル体制から市場原理に基づく自由競争体制への移行となるのだろうか。そして、内航海運組合法によって設立され、船腹調整事業、暫定措置事業の運営主体としての役割を果たしてきた日本内航海運組合総連合会の暫定措置事業終了後はどうあるべきなのか。こう

した問題への答えを早急に出すことが求められている。

　内航船員の高齢化・不足，船舶の高齢化の問題やピラミッド構造下のさまざまな課題も未解決のままである。内航海運の輸送量は減少傾向にあるが，トラックドライバー不足からモーダルシフトが加速している。また，頻発する大規模災害時における内航海運の役割が重要であることが再認識されている。こうした内航海運を取り巻く状況が，暫定措置事業が終了するからと言って変わるわけではない。

　暫定措置事業の終了する2023年以降の内航海運の在り方を求めて，国土交通省，日本内航海運組合総連合会，あるいはその傘下の各組合などいろいろな組織において検討が始まっている。国土交通省は「内航海運の活性化に向けた今後の方向性検討会」を設置，2016年7月には「中間とりまとめ」を公表，中長期的な取組みの検討がされている。

　このように，暫定措置事業の終了に伴う今後の内航海運がどうなるのかに高い関心が集まっている。

6　内航海運の抱える問題

6-1　規制緩和と環境規制

　先に述べたように規制緩和の流れを受けて，内航海運の活性化を図ることを目的に，1998年スクラップ・アンド・ビルト方式による「船腹調整事業」を廃止，「内航海運暫定措置事業」が導入された。しかし，この「内航海運暫定措置事業」自身も競争制限的であること，あるいはもともと暫定的なものであることから撤廃を求める声が出ている。既存の事業者の公平性の観点を考えれば一挙に廃止も難しいものがあるが，代替案を早急に考えなくてはならない。

　また，国内の港間の旅客，貨物輸送をカボタージュといい，国際慣行上のカボタージュに従事する船舶を，専ら自国船に限定しているが，輸送コストを下げる目的でこの制度廃止を求める声も聞かれる。内航海運自身のコスト競争力を強めることは重要であるが，一方で安易にカボタージュ廃止に結びつけるのは国益を損なう危険性を伴っている。内航海運のコスト競争力の問題とカボタ

ージュは別ものであることを認識した上で、きちんと論議すべきものである。

環境規制強化も内航海運にとっては重要な課題である。船舶からの排出ガスの規制はほかの交通機関ほど問題にされてこなかったが、今後は内航海運においても規制は強化されるのは間違いない。排出ガス抑制のための技術開発を含めたコストアップは避けられない。長期的な対策を立てる必要がある。

6-2 燃料費高騰

原油価格の高値が続いている。原油価格の船舶燃料代への影響は大きく内航海運企業の経営を圧迫している。内航海運の5,000隻以上の船舶が1年間に消費する燃料油はA重油約100万キロリットル、C重油が約160万キロリットルである。1年間で、合計でおよそ260万キロリットルの燃料油が消費されたことになる。

2003年のC重油の年間平均価格は、25,750円/キロリットルであった。10年後の2013年は、同72,588円/キロリットルと5万円近く値上がりしたことになる。その後、原油価格の下落にともないC重油の価格も2016年には37,538円まで戻した。年間の燃料消費量を260万キロリットルとすると価格が

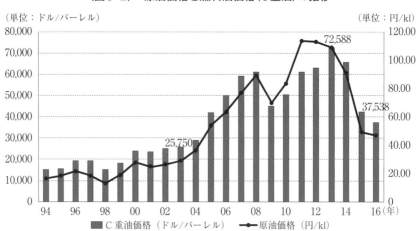

(図9-2) 原油価格と燃料油価格(C重油)の推移

出所:(一社)日本長距離フェリー協会HP。

1万円上がると業界全体では260億円のコスト上昇となる。そのコストアップ分は燃料価格変動調整金という形で荷主に転嫁しようとするも必ずしも転嫁できていない。原油/燃料価格に左右されない経営，企業体質の構築が求められている。

6-3 船員不足

　内航海運は，近年船員の高齢化と若年船員の不足が目立っている。厳しい経営環境が続く中で若年船員育成にまで手がまわらないためだ。加えて，2005年4月，改正船員法が施行された。これは船舶運航の安全最少定員を義務付けたもので，これまで199総トン型の船舶では2名で運航していたものが安全最少定員では4名になった。499総トン型では，4名から5名になった。2006年4月から職員の当直航海が義務付けられ，6級以上の資格が必要になった。改正船員法の施行で，船員の需要が増加する一方で，団塊世代が定年退職期を迎える。将来の船員不足が大きな問題となっている。内航業界では，奨学金の創設など官民あげてその対策に取り組んでいる。

6-4 船齢の高齢化問題

　内航船全体5,196隻のうち，船齢14年以上の船が2000年の45％から2017年には72％まで増えている。船齢7〜14年未満は14％である。船齢6年以下の新しい船は，わずか14％だ。このように，内航船は全体に高齢化が進んでいる。内航船向けの中小造船所の船台の確保が難しいこと，船用鋼材の値上がりで船価が上昇したことなどにより代替建造は進んでいない。

6-5 モーダルシフト

　排出ガスの抑制を含めた環境問題やトラック輸送による交通渋滞，トラック運転手不足などの対策として，内航海運へのモーダルシフト（輸送手段の変更）が叫ばれている。2002年に策定された「地球温暖化対策推進大綱」では，トラックから内航海運へのモーダルシフトによって，2010年までに，二酸化炭素を370万トン削減する目標を掲げているが思うように進んでいないのが実情

である。また，モーダルシフトの推進のために船舶の高速化を挙げている。その目玉として期待されていたのがテクノ・スーパー・ライナー(TSL)だ。航海速度50ノット，積載貨物量1,000トンという超高速船である。1隻は，静岡県が防災船として購入し，清水／下田間を結ぶカーフェリーとして利用されていたが，燃料価格の高騰により2005年に運航をとり止め，解体された。実用船としては，「SUPER LINER OGASAWARA」と名付けられ，2005年に東京・小笠原航路に就航を予定していたが，そのコスト高から頓挫したままで今後の見通しは立っていない。

第10章　外航海運業

1　グローバルな企業活動とインフラとしての外航海運

　海運は，人類文明の歴史とともに発展してきた。古代エジプト，フェニキア，ギリシャ，ローマ時代，そして大航海時代，両大戦を経て現在においても世界の経済と貿易を支えるインフラとして海運の役割は，より重要になっている。今日，サプライチェーン・マネジメント(SCM)が，多くの企業にとって企業戦略として重要である。特に，海外に多くの生産拠点と市場を持つ日本の製造業にとって，グローバル・サプライチェーンを構成する重要な要素としての国際海上輸送を担う外航海運は，重要な存在である。

　冷戦の終結によって，旧ソ連をはじめとする共産主義諸国や中国が資本主義市場へ参入し，企業活動はグローバル化し，IT革命がそれを後押し加速させている。その結果，世界市場の一体化は，あらゆる産業に及びつつある。そうした中で，従来国内産業ということで，規制に守られてきた産業も，規制緩和の波の中で，構造変革を余儀なくされ苦しんでいるのが，今の状況である。しかし，日本の外航海運企業は，20年以上前の1985(昭和60)年プラザ合意の頃にすでに，他産業に先んじて，そうした状況に直面した。その結果，長い間，構造不況産業といわれてきた。合理化を含めた不断の経営努力を積み重ねてきた結果，2000年以降業績は急速に回復し，外航海運企業の多くが過去最高の利益を上げている。しかし，その間に，多くの企業が消えていったのも事実である。

　今や，財閥の枠を超えての提携や合併にも驚かなくなったが，外航海運業界では，40年前に三井，住友の異なる財閥グループに属する企業の合併を経験している。また，1995(平成7)年には「グローバル・アライアンス」という海運企業間の国際戦略的提携を発表，その後こうした国際間の企業提携戦略はあらゆる産業で恒常的に行われるようになった。国際間のM＆Aも外航海運にお

いては珍しいものではない。外航海運にとって，その市場は世界規模である。したがって，業界の再編成は，常に世界規模である。米国の名門海運企業APLがシンガポールのNOLに買収され，シーランド，P＆Oがデンマークの APモラー（マースク）グループ入りしたなど多くの事例が挙げられる。外航海運は，世界単一市場という国際競争の中で，貿易・経済活動のインフラを担ってきた。適者生存，弱肉強食の世界で生き残るために日本の外航海運企業は，他の多くの日本企業に比べて，常に一歩先んじて，20年以上前にすでにグローバル化への対応に取り組んできた。常に外航海運企業は，その時代の最先端を歩み続けている。

2　世界貿易と海上荷動き

2016年の世界の貿易は，およそ16兆ドルであり，海上輸送量は110億トンに達する。戦後間もない1947年の海上輸送量は，およそ5億トンであったから，半世紀の間に20倍以上に拡大したことになる。1970年代の2度の石油危機による一時的な減少はあったが，この時期を除き貿易と海上輸送は一貫して右肩上がりに拡大を続けている。

世界の海上荷動きの主要品目は，原油と石油製品，石炭，鉄鉱石，穀物を合わせると全体の半分以上を占める。原油が19億4,300万トン（18％），石油製品10億730万トン（10％），石炭11億3,500万トン（10％），鉄鉱石14億1,200万トン（13％），穀物4億3,600万トン（4％）となっている。原油と石油製品を合わせた石油だけで28％を占めている。石油が世界経済の中で如何に重要かがわかる。

工業製品や雑貨はコンテナに詰められコンテナ船＊で輸送されるため，その輸送量は20フィートコンテナの個数（TEU）であらわされる。2016年の世界のコンテナ荷動量は，約1億5,300万個であった。基幹航路といわれる太平洋航路（アジア・北米）が約2,395万個，アジア・欧州航路が2,207万個で最も大きなコンテナ荷動きがある。また，アジア域内の航路は3,921万個であり，荷動きは年々拡大している。中国及びアジアが世界の工場だけでなく近年は市場と

（図10-1） 世界コンテナ荷動き（2016年推計）

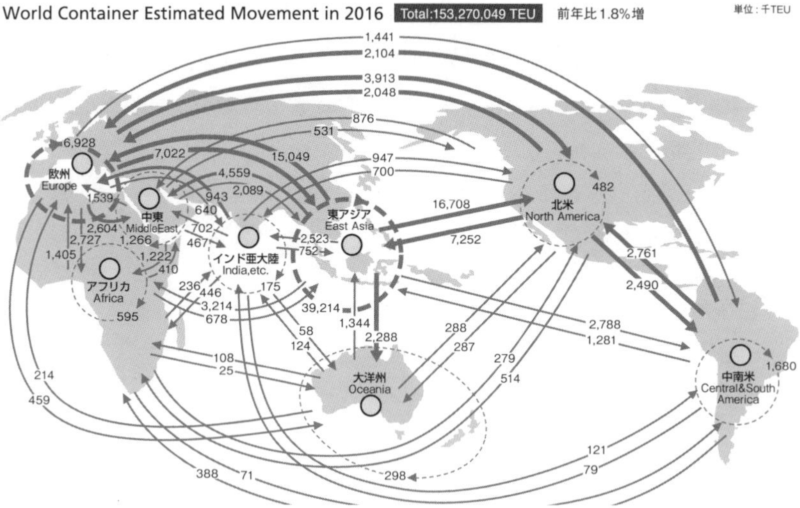

出所：（公財）日本海事広報協会〔2017〕36頁。

しても大きくなった結果，コンテナ荷動きはアジア関係航路が中心となっている。例えば，太平洋航路を見てみると，アジアから北米に向かう航路では，香港を含む中国が全体の73％を占めている（2016年）。日本はわずか6％である。北米からアジア向けでは，日本向け輸入の割合が比較的大きく15％あるが，ここでも香港＋中国は44％もある。かつて太平洋航路の貿易は日本と米国の貿易を意味したが，現在はアジアと米国の貿易であり，その中心は中国となり，日本は全体の中のマイナーな一部でしかないというのが実情である。

3　日本の貿易と外航海運

2016年の日本の貿易額は約140兆円であり，その内海上貿易額は96兆7,491億円であった。輸出入にかかわる輸送量は9億3,521万トンであった。日本は天然資源に乏しく多くの資源を輸入に頼っている。鉄鉱石，羊毛，綿花のほぼ100％，原油，天然ガスの95％以上の他，大豆，小麦，野菜などの食料品全体

の60％を外国から輸入している。嵩高が，大量となるこれらの品目は船舶により輸送される。輸出は工業製品が中心であるが，1980年代以降の円高の進行で日本の製造業が海外に生産拠点を移したことから海外工場向けの資本財や部品の輸送が重要になっている。部品の中には電子機器など高額で小さいことから，航空機による輸送が増えている。金額ベースで見ると，航空機による輸出入割合は，30％を超えるまでに増加した。しかし，重量ベースでは，現在においても外航海運による輸送が99.6％を占めている。

4 船の種類と船腹量

世界の船腹量は，漁船，客船など船の種類や，内航船・外航船の区別なく100総トン以上のすべての船を計算すると113,888隻，約12億4,858万総トン（2016年末時点）となる（表10-1）。国別の保有割合をみると，パナマが圧倒的に多く，17.7％を占めている。次いで，リベリア，マーシャル諸島，香港，シンガポールと続く。日本は第10位で，5,350隻，24,579万総トン，シェアは2.0％である。これは，日本を含む先進海運国の多くの外航貨物船の大半が，外国に籍を置いた便宜置籍船といわれる船舶で，自国の船舶として数えら

（表10-1） 世界船腹の船種別構成（2016年末）

	万総トン	構成比
ばら積乾貨物	42,211	33.8％
オイルタンカー	25,566	20.5％
コンテナ船	21,637	17.3％
旅客船・RORO船	8,831	7.1％
一般貨物船	5,324	4.2％
ケミカル船	6,598	5.3％
液化ガス船	6,708	5.4％
油・貨兼用船	142	0.1％
その他	7,841	6.3％
合　計	124,858	100.0％

出所：（公財）日本海事広報協会〔2017〕21頁。

れていないためである。

　便宜置籍船とは，高い税金や厳しい規制を嫌い，他国に便宜的に船舶の登記した船のことである。日本の場合，登記税が高いだけでなく，船舶は固定資産とみなされており固定資産税が課せられる。パナマなどでは自国に船舶の登記を促すために税金を安く設定し，規制を緩やかにする措置をとっている。船舶所有の上位にあるパナマ，リベリア，バハマなどは典型的な便宜置籍国である。

　ここで扱う外航海運とは，漁船や内航船は対象にしない。また，貨物輸送の観点から客船も対象から外した。つまり，外国航路に就航する貨物船が対象である。外航海運は一般にその運航形態から，定期船と不定期船に分けられる。

5　定期船と不定期船

　定期船(ライナー)とは，一定の航路を，公表されたスケジュールに従って運航する船舶のことで，不特定多数の荷主から多種類の貨物を引き受け，公表された運賃表(タリフ)に従って運賃を得て輸送を行う。現在，主要定期航路はほとんどコンテナ化されている。したがって，定期船はコンテナ船あるいはコンテナ輸送と置き換えることもできる。コンテナ輸送とは，コンテナを媒体として輸送貨物の単位化を行うユニット・ロード・システムである。海陸の輸送業者が互換性のあるコンテナを使用することで，ドア・ツー・ドアの複合一貫輸送を可能にした方式である。コンテナは，20フィートと40フィートの2種類が主流である。

　不定期船(トランパー)は，決まったスケジュールによって運航される定期船に対し，世界中どこへでも貨物を追って配船される船舶をいう。もともと帆船の時代は，すべて不定期船であった。19世紀半ばになり，蒸気船の登場で規則的な運航が可能になって，はじめて定期船と不定期船が区別されるようになった。また，不定期船は今日では一般には，ばら積みの乾貨物(ドライバルクカーゴ)を運送する船舶の意味に使われる。原則的に単一荷主の単一貨物を，航海傭船契約により満船ベースで運送する船のことである。不定期船で輸送さ

れるドライバルクカーゴとは，鉄鉱石，石炭，穀物の3品が主要品目で，これをメジャーバルクと呼ぶ。その他には，ボーキサイト，燐鉱石，塩，砂糖，セメント，木材，ウッドチップなどがある。これらをマイナーバルクと呼ぶ。不定期船の運送契約は一航海単位毎に取り決めるのが基本であるが，船会社として安定収益確保のために，また荷主としては安定輸送の確保の観点から船舶を特定せず一定量の貨物輸送を1年あるいはそれ以上の一定期間を定めて契約する方法がある。これを通常，数量契約(COA：contract of affreightment)と呼んでいる。

　ドライバルクカーゴの他にも外航海運で輸送される貨物には，原油・石油製品，液化ガス，自動車(完成車)などがある。したがって，昔ながらの定期船と不定期船という分類は無理になっている。そこで，外航船社では，船会社によって多少の違いはあるが，定期船部門，不定期船部門，自動車船部門，タンカー部門，液化ガス部門のように分けている。定期船部門以外を総称して非定期船部門とかノン・ライナー部門と呼ぶこともある。

　現在の外航貨物輸送の特徴は大型化と専用船化である。完成車は自動車専用船で，液化ガスはLNG専用船，原油はタンカー，化学薬品はケミカルタンカー，鉄鉱石は鉄鉱石専用船，雑貨はコンテナ船でというように専門化される。また，コストメリットを求めた大型化も1つの特徴である。超大型原油タンカー(VLCC：very large crude carrier)は，1隻で30万トンの原油の輸送が可能である。鉄鉱石専用船も30万トンクラスの船が投入されている。自動車専用船は乗用車が一度に6,000台輸送できる。

　コンテナ船もますます大型化している。1966(昭和41)年にシーランドの最初のコンテナ船「ゲートウェイシティ」のコンテナ積載能力は，35フィートコンテナが226個だった。2006年には，10,000個積みのコンテナ船が就航，わずか40年間でコンテナ船の積載能力は50倍になった。さらに2017年には20,000個積のコンテナ船が就航し，また，22,000個積のコンテナ船が発注されたことが報じられている。

6　日本の外航海運企業の現状

　日本の外航海運業企業は，194社，営業収入は4兆7,561億円である（2015年）。この内，日本郵船，商船三井，川崎汽船の大手3社の売上高は3兆3,889億円であった（2015年度連結決算ベース）。大手3社が，営業収入全体の70％以上を占めている。多くの外航海運企業は，これら3社のグループに属しているか，あるいは日鉄海運やトヨフジ海運といったように，新日鉄やトヨタといった製造業の子会社あるいは関係会社である場合が多い。後者は，親会社の資材や製品を運ぶことが主たる業務であるため，こうした海運企業をインダストリアルキャリアと呼ぶ。あるいは，特定航路や特定製品の輸送に特化した外航海運企業もある。

　ここでは，大手3社を中心にその内容と業績を見る。日本の大手3社の特徴は，コンテナ船，不定期船，自動車船，タンカー，LNG船などあらゆる種類の船を運航していることである。このようにあらゆる種類の船舶を運航する船会社は，世界では多くない。特に，日本の船会社は，LNG船など資源・エネルギー輸送および自動車輸送に強みを持っている。一般に外航海運企業は，自社保有の船舶と他社から一定期間借り受けた船舶の二種類で営業活動を行っており，これらの合計した自社の支配船舶全体を，運航船腹といい，外航海運企業の規模を表すもの差しとして使われる。この運航船腹量で世界の船会社のランキングを見ると，合計では中国のChina ShippingとCOSCOが合併したことで船腹量世界一はChina COSCOとなったが，2位に日本郵船，3位に商船三井，5位に川崎汽船と邦船3社は上位を占めている（図10-2）。

　これを船の種類別にみるとドライバルクでは2位日本郵船，4位商船三井，5位川崎汽船である。自動車専用船は，1位から3位までを邦船3社が占めている。また，LNG船においても，1位商船三井，2位日本郵船，4位川崎汽船と上位を占めている。しかしながらコンテナ船においては，邦船3社は中堅クラスの位置に甘んじている。日本郵船が辛うじて10位以内に入っているが，商船三井，川崎汽船は11位，15位といった位置づけである。

　定期船の分野では，日本の外航海運企業はコスト面の国際競争力がなく，苦

(図10-2) 世界の主要船会社の船体規模ランキング（2017年3月時点）

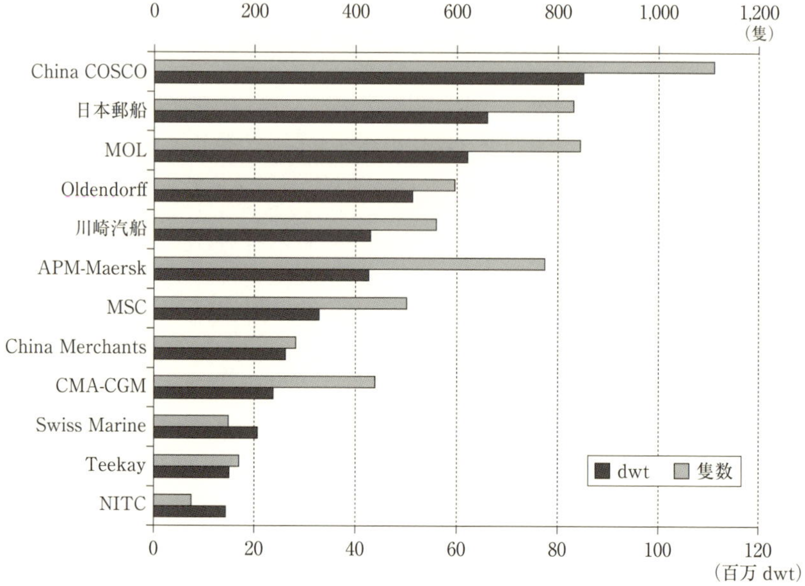

注：全船種，連結ベース，備船は含まない（2017年3月現在）。
dwt：dead weight 重量トン
出所：（株）商船三井HP〈http://www.mol.co.jp/ir/data/ig/pdf/i-guide2017.pdf〉

戦を強いられてきた。特に，1985（昭和60）年プラザ合意以降の円高は，収入の70％以上がドル建ての日本の外航海運企業にとって大きな痛手であった。船舶の便宜置籍化，船員の合理化，コストのドル化など構造改革に取り組んだ結果，20世紀の終わり頃までにほぼ構造改革を終え，新興国の海運企業ともコスト面で対等に戦える体制が整った。そうしたところに，中国特需ともいうべき中国経済の拡大と海上輸送需要の増大が相俟って，21世紀に入ると好業績が続き，2007年度の決算は大手3社（商船三井，日本郵船，川崎汽船）の売上高の合計は5兆8,613億円，経常利益は6,256億円と過去最高益を記録した。しかしながら，2008年のリーマンブラザーズの経営破たんに端を発した，いわゆるリーマンショックによる世界景気の後退により米国を中心に輸送需要が大幅に減少し，外航海運業界は大きな痛手を被った。その後，業績は回復の兆しが見えたが2009年ギリシャ危機から欧州債務危機，さらに世界景気の後退

から，2011年度には大手三社ともに赤字転落という厳しい局面を迎えた。

しかし，その後も世界景気は回復せず定期船社は苦しい経営を強いられることになり，2016年，コンテナ船業界にとって激動の1年を迎えた。2月，中国政府主導で，中国遠洋運輸集団(Cosco Group)と中国海運集団(China Shipping Group)が合併，中国遠洋海運集団(China Cosco Shipping Group)が誕生した。6月，ハパッグロイド(独)とUASC(中東)がコンテナ船事業の統合を発表。7月にはCMA/CGM(仏)がAPLを買収。8月，韓国の海運大手である韓進海運が経営破綻と重大ニュースが相次いだ。そして10月31日，川崎汽船，商船三井，日本郵船の邦船3社のコンテナ船事業統合が発表され，12月5日マースクラインのハンブルグズード買収が発表された。さらに，2017年には，かねてから噂のあったCOSCOによるOOCLの買収が発表された。

APL，CSCL，UASC，韓進海運，ハンブルグズードなど多くの大手コンテナ船社が消えた。2017年7月には，邦船3社による新会社Ocean Network Express(ONE)が誕生した。20社ほどあった大手コンテナ船社は，瞬く間に10社程度にまで減ることになった。

現在の定期コンテナ船は，アライアンス体制の下で運営されている。韓進海運は，アライアンスのメンバーの経営破綻として初めてのケースであった。韓進海運の破綻の影響は，同じアライアンスメンバーを中心に業界全体を揺るがすものとなった。一連の経営統合や買収の影響は，アライアンス体制，さらには業界全体の構造変化を促すものになる。定期船市場は3大アライアンス体制となり，そのシェアは80パーセントを超え，寡占化に拍車がかかる。

海運再編に伴ってアライアンスも2017年から大幅に組み替えられ，これまでの4大アライアンスから3大アライアンス体制になった。アライアンスそのものが更に巨大化している。2016年時点で2M，CKYHE，G6，Ocean 3の4大アライアンスは16社で構成されていたが，2018年には3大アライアンス体制(2M，オーシャン・アライアンス，ザ・アライアンス)となり，構成メンバーは8社で，シェアは83.5％を占める(表10-2)。

(表10-2) 新アライアンスと加盟船社

アライアンス名	参加船社
2M	マースクライン，MSC，現代商船
オーシャン・アライアンス	CMA/CGM，China COSCO（＋OOCL），エバーグリーン
ザ・アライアンス	邦船3社（ONE），ハパッグロイド，陽明海運

出所：『日刊CARGO』2016年11月1日ほかを基に作成。
＊2Mの現代商船は部々提携にとどまる。

　コンテナ船業界の再編が進んだ結果，大手コンテナ船社の中でも上位のマースクライン，MSC，CMA/CGMの欧州勢のシェアが拡大している。1995年の上位3社の上位20社に占めるシェアは17.3％，2001年26.4％であった。2017年には44.1％にまで拡大した（キャパシティベース）。また，上位5社の上位20社に占める割合は，1995年，2001年，2017年はそれぞれ，26.1％，37.0％，58.2％を占めている。上位20社の全体に占める割合も年々拡大しており，2017年には全体の83.5％を占めるに至っている。
　定期コンテナ船業界の寡占化は着実に進んでいる。
　再編により2015年末のこれまでの上位20社が2017年には15社になり，2018年には12社に減少することになる。
　定期コンテナ船業界再編の背景を一言で言えば，「荷動き減少とコンテナ船大型化による船腹供給過剰」である。20世紀末頃から中国経済の急成長に伴い，世界の貿易量が大幅に伸びた。貿易拡大を背景に多くの船社が運航規模の拡大を図った。その先端を走るのがマースクラインをはじめとする欧州船社であった。リーマンショックにより荷動きが大幅に減少したにもかかわらずコンテナ船の大型化が進み，船腹量は減らず，需給ギャップは更に拡大した。リーマンショック後の2009年に続き，ギリシャに端を発したヨーロッパでの金融危機，英国のEU離脱などの世界情勢を受けて，2011年，2016年と3回の海運不況に見舞われることになった。
　業績への影響は大きく，直近9年間の決算で，邦船3社の定期コンテナ船事業が黒字だったのは，川崎汽船3回，日本郵船2回，商船三井はわずか1回という厳しいものであった。こうした事情は日本の船社だけではない。現代商船，

(図10-3) アライアンスとそのシェアの変遷

2016年			2017年4月			2018年以降		
アライアンス	船社	シェア	アライアンス	船社	シェア	アライアンス	船社	シェア
2M	マースクライン / MSC	28.2%	2M	マースクライン / MSC	36.4%	2M	マースクライン / MSC	36.4%
			*現代商船，2Mと戦略的提携。					
CKYHE	COSCO / 川崎汽船 / 陽明海運 / 韓進海運 / エバーグリーン	17.3%	オーシャン・アライアンス	エバーグリーン / OOCL / China COSCO / CMA/CGM	27.3%	オーシャン・アライアンス	エバーグリーン / China COSCO / CMA/CGM	27.3%
G6	日本郵船 / 商船三井 / Hapag Lloyd / 現代商船 / OOCL / APL	17.6%	ザ・アライアンス	川崎汽船 / 陽明海運 / 日本郵船 / Hapag Lloyd / 商船三井	19.8%	ザ・アライアンス	Ocean Network Express / 陽明海運 / Hapag Lloyd	19.8%
Ocean 3	CMA/CGM / CSCL / UASC	15.3%						
	その他	11.6%		その他	16.5%		その他	16.5%

出所：国土交通省『海事レポート2017』ほか
注）2017年4月；2Mには現代商船を含む。China COSCOには旧CSCLを含む。CMA/CGMにはAPLを含む。Hapag LloydにはUASCを含む。Ocean Network Expressは，邦船3社のコンテナ事業統合新会社。

韓進海運の韓国大手2社ともに経営困難な状態が取りざたされ，韓進海運はついに経営破綻に追い込まれた。

　荷動きの減少は，中国経済の減速などの要因が挙げられるが，1つ見逃せないのは貿易構造の変化である。これまで，日系のメーカーを中心に新興国に原材料や部品を供給し，現地で組み立て，そのうちの多くを輸出していた。最近は，部品の多くを現地で調達，組み立てられ，その多くが現地で販売，消費されるという清算・販売の一貫体制に移りつつあり，こうした変化が海上荷動きにも影響を与えている。

しかし，邦船3社はこうした世界の動きからは少し違っていた。海外の多くの定期コンテナ船社が専業，またはそれに近い事業形態である。一方で，邦船3社は，コンテナ船事業以外にもバルク，タンカー，自動車専用船やLNG船など多くの事業を持つ総合海運会社，いわゆるデパート経営をしており，コンテナ船事業の赤字を他部門の利益が支えるという構造がある。しかし，他部門の利益でコンテナ船事業の赤字を補填する余裕がなくなったことが，今回の事業統合に踏み切らせたと推測する。

　マースクライン，MSC，CMA/CGMが規模を拡大，シェアを伸ばしている。邦船各社との格差は開くばかりである。邦船各社の輸送能力はそれぞれ50～60万TEUであり，業界1位のマースクラインの350万TEUに比べ6分の1から7分の1の規模に過ぎないものであった。その意味で，邦船3社のコンテナ船事業統合は将来の存続に対する危機感の結果であるともいえる。

　自動車専用船，LNG船，バルクやタンカーなどそれぞれの船種で邦船3社は上位に位置している。唯一の例外がコンテナ船であり，邦船3社共通のアキレス腱であることは分かっていたことである。今回の邦船3社によるコンテナ船事業の経営統合は，世界の趨勢から1歩，2歩出遅れた感は免れない。

　3大アライアンスによる寡占体制にある定期コンテナ船業界では，今後は単独で生き残りを図ることは困難となると考えられる。その意味から，3大アライアンスに参加していない船社の今後の動向が注目される。

7　仕組船の増大と日本人船員の減少

　先述のとおり，パナマやリベリアなどの便宜置籍国に船舶を登録することが，先進海運国に共通の現象である。便宜置籍船は，パナマなど便宜置籍国の法律の適用を受けることになる。船舶の登録費用，抵当権設定費用，トン税など日本に比べ極めて安く，最も大きな利点は船員の配乗が自由である点である。発展途上国船員を配乗することで，船員費を大幅に削減できる。日本船主協会の試算によると，全員日本人船員（16名）の船員費を100とすると，乗組員を23名で日本人5名・フィリピン人18名の場合は，船員費の比率は70にな

る。同じく，日本人 2 名・フィリピン人21名では，同46である。23名全員フィリピン人のケースでは26であり，全員日本人の場合の約 4 分の 1 である。

　内航海運は，カボタージュというその国の企業・船舶だけが営業できるという法律によって守られているが，外航海運は海運自由の原則により参入は自由である。その結果，外航海運は，常に世界単一市場で国際的に自由競争を強いられている。日本の外航海運企業は，国際競争力の観点からほとんどの船が便宜置籍船となっている。また乗組員も，フィリピンやインドネシアといった発展途上国の船員が，ほとんどを占めている。2016年現在，日本の外航海運企業の運航船腹は，2,411隻，1 億1,740万総トンである（2,000総トン以上の船舶）。この内，日本籍船は219隻，1,828万総トンと全体の10％程度である。残りは，便宜置籍船を主とした外国籍船である（図10-4）。日本籍船は1972年，1,580隻が最も多く，2007年には92隻にまで減少した。その後，2008年に日本籍船と日本人船員の確保を目的に「トン数標準課税制度（トンネージ・タックス）」が導入され，日本籍船の減少に歯止めがかかり2016年には219隻に若干増えた。

（図10-4）　日本商船隊の構成変化

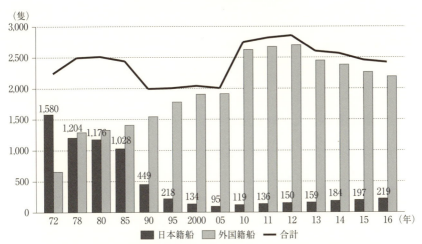

注：日本の外航海運企業が運航する2,000総トン以上の商船。外国傭船を含む。
出所：（公財）日本海事広報協会〔2017〕30頁。

(図10-5) 日本の外航海運船員数推移

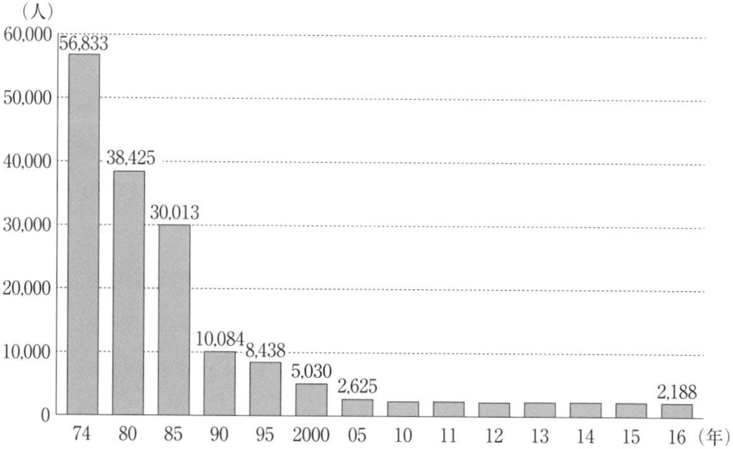

年	人数
74	56,833
80	38,425
85	30,013
90	10,084
95	8,438
2000	5,030
05	2,625
16	2,188

出所：(公財)日本海事広報協会〔2017〕30頁。

　日本人外航船員についても1980年の初めには30,000人を超えていたが，2001年には3,000人を割り，2005年2,625人，2016年には，2,188人まで減少した(図10-5)。もちろん，安全運航の観点から，船員の質を確保するために，日本の外航海運大手3社はいずれも，フィリピンをはじめ主要国に対しては，独自に船員学校を作るなど教育に力をいれている。その結果，日本人船員の役割は，指導・監督，あるいは安全運航のためのマニュアルや仕組み作りへとその内容が大きく変化している。

8　中国経済の拡大が外航海運へ及ぼす影響

　外航海運業界では，1987年には緊急雇用対策という名の業界あげてのリストラを実施するなど徹底した構造改革に取り組んだ。その結果，外航海運の好業績がリーマンショックまで続いた。これは，こうした構造改革の結果と中国経済拡大による海運市況の好調の2つの要因が重なった結果だといえる。ここでは，中国経済の拡大がどのように日本海運の業績に影響しているのか，その点に絞って述べる。

第1に，経済拡大によるエネルギーや鉄鋼の国内需要が急増した結果，それまで石油，鉄鉱石や石炭などの資源輸出国であった中国が輸入国になったことが挙げられる。中国は，鉄鉱石はブラジルやインド，石油は西アフリカなど遠い国からの輸入割合が日本に比べて大きく，同じ量を輸送するにしても多くの船舶が必要となる。そしてそのことが船舶不足に拍車をかけ，市況を押し上げる原因となっている。例えば，オーストラリアのダンピアから上海に鉄鉱石を運ぶ場合，その距離は3,100マイルである。ブラジルのツバロンから上海に輸送する距離は，11,000マイルとその距離は3.5倍ある。つまり，同じ量の鉄鉱石をオーストラリアから運ぶのとブラジルから運ぶのでは3.5倍の船舶が必要であることを意味する。

第2は，中国国内では工業製品の生産が拡大し，米国や日本を中心とした先進国向けの輸出が増加していることが挙げられる。その結果，今や，太平洋航路やアジア・欧州航路などの主要航路の中心は中国である。このような輸送需要の増加に伴うコンテナ運賃の上昇は，定期船部門の収益改善に大きく寄与した。

以上のように，中国の経済拡大発展が，原油・ドライバルクカーゴやコンテナ貨物などあらゆる分野での輸送需要の増大をもたらし，これが日本の外航海運企業の大きな利益をもたらした。しかし，中国の経済成長にも減速感が出ており，外航船社の経営に大きな影響を与えている。

9 外航海運の課題

外航海運業界は，世界経済や政治あるいは天災など多くの影響を直接的に受ける産業である。そのため，抱える課題も少なくない。

まず，懸念されるのは原油価格の高騰によるバンカー（燃料油）のコストアップである。日本の大手外航海運企業3社の運航船舶数は2,327隻（2013年）に及ぶ。その運航規模が大きいゆえに，バンカーの値上がりが船社経営へ与える影響は小さくない。大手外航海運企業が購入するバンカーの年間の購入量を推計すると，1社当たり数百万トンに達する。

2005年期初，バンカーの小売価格は240ドル（トン当たり）程度であったが，2006年には，320ドル，2012年は，660ドルに達しており，直近の5年間で2倍に上昇したことになる。バンカーの船会社の営業費用全体に占める割合は25％以上であり，その影響は大きい。ちなみに，燃料価格が大きく変動した場合，その価格変動に応じ，荷主から海運企業に価格変動調整金が支払われ，この調整金をバンカー・サーチャージという。このバンカー・サーチャージによる相殺分を考慮して最終的にバンカーが1ドル上昇することによる決算への影響は，大手海運会社では2～3億円といわれる。また，バンカーの購入はドル建てであるため為替の影響も受けることを考慮する必要がある（図10-6）。

　次に，海運政策と税制の問題がある。定期船は，130年にわたって海運同盟という独占禁止法適用除外のもと運営されてきた。欧州において，適用除外が廃止され，日本においても同様の動きがある。海運同盟そのものはすでに形骸化し，もはや従来のような役割は期待できないが，独占禁止法適用除外廃止により一挙に海運同盟の全廃へとつながり，海運市場の寡占化を後押しすることが予想される。海運企業の生き残りをかけた戦いが予想されるが，このことは荷主にとっても必ずしも良いとは限らない。寡占化の当然の結果として，一部大手海運企業による市場と運賃支配体制ができることが考えられるからである。このことは，海上輸送運賃の高値硬直を招くと予想される。

　日本では，減少する日本籍船と日本人船員対策として，トン数標準課税制度が2008年に導入されたことはすでに述べたが，これは現行の日本の法人税制である利益に課税する仕組みとは異なり，利益に関係なく運航船舶のトン数に課税するというものである。オランダ，英国をはじめとする欧州各国，さらに米国，韓国，インドが導入を決めるなど世界標準になっている。海運企業の競争力は，企業間競争ばかりでなく，税制を含めた各国の自国海運保護などの制度間あるいは国家間の競争という面があることも見逃してはならない。国際競争力の維持，自国籍船の減少に歯止めをかけるなどの観点から，他国と同等の制度面でのサポートが外航海運業界から国の行政に対して求められているが，海運企業だけ特別扱いする必然性が見あたらないことからなかなかコンセンサスが得られなかった。しかし，最近の北朝鮮の動向など国際情勢が，緊張感を

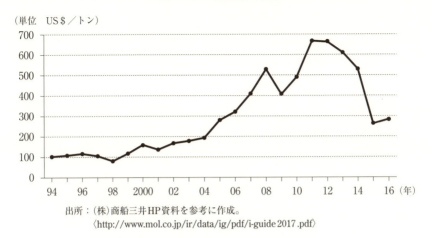

(図10-6) 燃料費の推移

出所：(株)商船三井HP資料を参考に作成。
〈http://www.mol.co.jp/ir/data/ig/pdf/i-guide 2017.pdf〉

高めていることを背景に，有事の際の外航海運が見直され，まもなくトン数標準課税制度の導入が実現することになった。

　国土交通省は，非常時に一定規模の国民生活・経済活動水準を維持する輸入貨物を輸送するのに最低限必要な日本籍船を450隻，それらの船舶を運航するのに必要な日本人船員を5,500人と試算，「トン数標準税制」の導入により2008年から5年間で日本籍船を2倍に，日本人船員を10年間で1.5倍にしようというものである。しかし，日本籍船は若干増加したものの目標には届いていない。また，日本人船員については増加していない。

　「トン数標準課税制度」の適用を受けようとする海運会社は，国土交通大臣の策定した「日本船舶及び船員の確保に関する基本方針(以下「基本方針」)」に適合するよう「日本船舶・船員確保計画(以下「計画」)」を作成し，国土交通大臣の認定を受ける必要がある。具体的には，ア)所有・運航する日本船舶を計画期間内に2倍以上に増加，イ)日本人船員の養成，ウ)日本船舶1隻当たり4人を配乗できる日本人船員を常時確保しておくこと等の基準を満たす必要がある。認定を受けた事業者は，1)日本船舶を用いた対外船舶運航事業等による収入金額に係る所得の金額と，2)日本船舶の運航トン数に応じた所得の金額を算出し，1)が2)を超えるときは，その超える部分の金額を損金の額に算入し(次

（図10-7）　トン数標準課税制度における税額計算の模式図

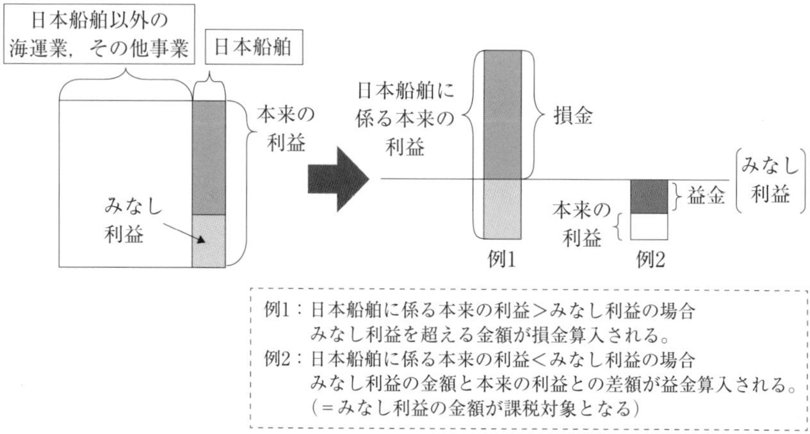
日本船舶以外の
海運業，その他事業
日本船舶
本来の
利益
みなし
利益
日本船舶に
係る本来の
利益
損金
みなし
利益
益金
本来の
利益
例1
例2
例1：日本船舶に係る本来の利益＞みなし利益の場合
みなし利益を超える金額が損金算入される。
例2：日本船舶に係る本来の利益＜みなし利益の場合
みなし利益の金額と本来の利益との差額が益金算入される。
（＝みなし利益の金額が課税対象となる）

出所：（一社）日本船主協会〈http://www.jsanet.or.jp/seisaku/tax3.html〉.

頁の図10-7），1）が2）に満たないときは，その満たない部分の金額を益金の額に算入する所得計算の特例措置を選択することができるというものである。現在，旭海運，旭タンカー，飯野海運，川崎汽船，三光汽船，商船三井，新和海運，一中央汽船，日正汽船，日本郵船の10社が認定を受けている。また，2012年現在，日本以外で「トン数標準課税制度」を導入している国は，次の17カ国である。ギリシャ，オランダ，ノルウェー，ドイツ，英国，デンマーク，フィンランド，アイルランド，フランス，スペイン，ベルギー，米国，韓国，イタリア，インド，リトアニア，ポーランド（17カ国）。

安全運航への取り組みに関して，海賊対策が外航海運業界にとって重要な課題の1つである。ソマリア周辺における海賊は，重武装で船舶をハイジャック，あるいは乗組員を人質にとり身代金を要求するなど悪質になっている。2011年の海賊発生件数は439件，そのうちソマリアの海賊によるものと考えられるものが237件あった。これは全体の54％に相当する。ハイジャックされた船舶28隻，人質は470人に達した。日本でも2009年から当該海域に自衛艦を派遣して日本関係船舶等の護衛活動にあたっている。その結果，ソマリアの海賊事件は減少している。また，現在，海賊対策の一環として世界各国で船舶に民

間武装警備員を乗船させる例が多くなっている。日本船舶の場合は国内法により，武装警備員の乗船が認められていないため，日本船主協会を通じて法改正を働きかけている。

また，環境問題への取り組みも重要である。外航海運から排出される温室効果ガスのほとんどが二酸化炭素（CO_2）である。2007年度の外航船舶によるCO_2排出量は8.7億トン（国際海事機関（IMO）調べ）であった。これは，世界全体のCO_2排出量の約3％に相当する。ドイツ1国分の排出量に相当する。世界経済の拡大に伴う輸送需要の増大からCO_2排出量も増大する傾向にある。これまで，外航海運は，その排出場所が国内にないために削減対象になっていたが，今後はそうはいかなくなる。すでに国際的な枠組みによって削減・抑制しようと動き出している。それは海洋汚染防止に関する法改正や技術開発など多面的な取り組みが考えられる。

環境問題と関連して外航海運，内航海運にとって大きな課題は硫黄酸化物（SO_x）＊1）対応である。2016年10月，国際海事機関（IMO）は，硫黄酸化物（SO_x）排出規制の強化を決定した。これまで欧州海域や北米近海の一部（ECA）＊2）のみに適用されていた船舶からのSO_x排出規制を，世界中の海で適用するというものである。これまで船舶から排出されるSO_xの排出は，3.5％（ECAでは1％）まで認められていたものが，0.5％（ECAは0.1％）以下に規制が強化される。2020年1月1日の施行が予定されており，対象船は外航，内航を問わず，また既存船，新造船のすべてに適用されるというものである。施行までに時間がないこともあり，内航海運業界，フェリー業界を含めてその対応に苦慮しており，SO_x対策は最大の関心事である。

＊1）　SO_x　硫黄酸化物（sulfur oxide）の総称。一酸化硫黄（SO），二酸化硫黄（亜硫酸ガス）（SO_2），三酸化硫黄（SO_3）などが含まれる。化学式からSO_x（ソックス）と略称される。
＊2）　ECA；Emission Control Area（指定海域）。現在IMOが認定したECAは，北海・バルト海および北米沿岸200海里，カリブ海の一部海域。

現在考えられている対策には次の3つの方法がある（表10-4）。①低硫黄燃料油に切り替える。②現在使用のC重油はそのまま使用し，排気ガス洗浄装置（スクラバー）を取り付け船上で排ガス脱硫を行う。③燃料をLNGに切り替える。
それぞれに一長一短あり，各社とも対応を決めかねており状況を見ている段

(表10-4)　SO_x対策の3つの手段

燃料油	排気ガス洗浄装置 (スクラバー)	LNG燃料
C重油の低硫黄燃料への切り替え	従来のC重油を使用し、船上で排ガス脱硫を行う。	燃料をLNGに切り替え。LNG燃料はSO_xゼロ、PMやNO_x、CO_2も同時に削減。
低硫黄燃料油： ・価格が不透明(C重油に比べ1.3～1.5倍) ・石油会社による供給が可能かどうか不透明 ・エンジンは、そのまま使用可能だが、潤滑油変更等の可能性あり。	・装置への投資(数億円) ・装置が大きく機関室や貨物室のスペースへの影響、復元性への影響の可能性 ・既存船への搭載には工期が課題	・LNG船の船価(従来船の1.2～1.5倍) ・新造船に限られる。 ・陸側のLNG燃料供給体制の整備が必要

出所：国土交通省資料を基に作成。

階である。まず、低硫黄燃料油への切り替えでは、石油会社の供給体制がどうなるのかが明確になっていない。さらに価格がどうなるかも大きな問題である。C重油に比べ1.3～1.5倍という説や限りなくA重油に近いなど様々な説がある。内航海運やフェリーにとって燃料価格は経営を左右するほど大きなものである。長距離フェリー会社では、運航費の20％～40％を占めるといわれる(航路によって差がある)。

　次に、スクラバーによる対応の場合であるが、装備するのに数億円の費用が掛かること、装置が大型で重量があるため機関室や貨物スペースへの影響が出ることが避けられない。また、復元性への影響も懸念される。既存船への取り付けの場合は工期の問題もある。さらに、スクラバーそのものが十分機能するかどうか懸念する声もある。国土交通省の調べでは、現在世界で19社がスクラバーを供給している。うち2社が日本企業(富士電機、三菱化工機)である。海外メーカーの内6社が日本に営業拠点を置いている。北米・カリブ海、北海・バルト海で2015年からECAでSO_x規制がスタートしたことから、欧州メーカーを中心に100基以上のスクラバーの搭載実績があるが、日本メーカーでは、三菱化工機が2016年川崎汽船の自動車船に搭載した実績が報告されているだけである。『三菱重工技報』(Vol.53, No.2, 2016年)によれば、実海域の試運転結

果から十分な脱硫性能を有することが確認されたと報告されている。

最後に，LNG燃料船については，従来船とはシステムが異なるため新造船に限定されること。さらにLNG船については，船価も従来船に比べて割高なこと，LNG船はまだスタートして間がないためLNG燃料の供給体制が十分整備されていなことも課題である。さらに，燃料タンクのスペースもC重油に比べ大きな容積を必要とするなどの課題がある。外航定期船社の中には，新たに建造するコンテナ船についてLNGを燃料とする船舶の建造例も出ている。

（図10-8） 三菱化工機のスクラバー実証プラント

出所：『三菱重工技報』Vol.53, No.2, 2016年。

第11章　航空業界

1　航空貨物輸送の現状

　航空機による日本の貿易貨物輸送量は2014年現在，326万トンであった。これは，貿易貨物輸送全体の0.4％にあたる。しかし，金額ベースではおよそ30％である。化学製品や半導体，電気計測機器や科学光学機器などの機械機器を中心とした貨物が航空機で運ばれている。国際輸送では，輸出，輸入とも化学品と機械・機器で全体の70％以上を占める。航空機による国内貨物輸送は約101万トンで全体の0.002％で，トンキロベースでも10億トンキロで0.2％にすぎない。国内はトラック輸送が中心であり，航空輸送の果たす役割は大きくない。航空輸送は，国際輸送においてより重要であるといえる。ここでは，国際航空輸送を中心に述べる。

2　航空貨物輸送の形態と仕組み

　航空貨物輸送は，定期輸送と不定期輸送に分類される。定期輸送が決まったスケジュールによって運航されるのに対して，不定期輸送はチャーターと呼ばれ，貨物しだいで，不定期に運航されるものであり，主に，大量の貨物や特殊貨物を輸送する。航空貨物輸送のほとんどは定期輸送である。
　また，旅客機のスペースの一部を使って貨物を運ぶものと，貨物専用機による輸送によっても分けられる。旅客機のスペースを使った輸送をベリー輸送といい，旅客のニーズに合わせた路線でスケジュールが決められている。一方，貨物専用機はカーゴフレイターと呼ばれる。ベリー輸送とカーゴフレイターによる輸送割合はほぼ半々といえるが，カーゴフレイターによる輸送の割合が徐々に増えている。
　ベリー輸送では，ジャンボ機と呼ばれる大型機でも手荷物や郵便物を合わせ

ても25トン程度しか搭載できないが，カーゴフレイター（ジャンボ機）だと一度に120トンの貨物輸送が可能である。これは10トンの大型トラック12台分の貨物が積載可能だということである。また，ベリー輸送とカーゴフレイター輸送の中間的なものとして貨客混用機がある。セミ・フレイターあるいはコンビと呼ばれている。これは，旅客機の客室部分の半分を仕切って貨物室として使うというものである。

　航空機に貨物を搭載する方法について，簡単に触れる。航空機に貨物を搭載する場合の方法には，バルク・ローディング（ばら積み方式），パレット・ローディング，コンテナ・ローディングの3つの方法がある。バルク・ローディングは，ばらの貨物のまま積み込む最も原始的な方法。ベリーの旅客手荷物などはこの方法である。パレット・ローディングは貨物専用機の就航の頃から採用された方法であり，1枚のパレットといわれる板の上に貨物を載せ，ネットなどをかぶせて搭載することで積み下ろしの時間が短縮できる。さらに，貨物の取扱いを容易にしたのがコンテナ・ローディングである。アルミ合金や強化プラスティクスでできた容器に貨物を入れたまま航空機に積み込む。また，保冷コンテナ・冷凍コンテナや衣服コンテナなど特殊コンテナの開発により，特殊な貨物の輸送も容易になった。パレットやコンテナの利用で，航空貨物の積み下ろしが短時間で行えるようになった。その結果，貨物専用機では，着陸して貨物を積み下ろしして次の目的地に向かって離陸するまで，2時間程度の所要時間で済むようになった。

3　航空貨物輸送の流れ

　航空貨物輸送の流れは，小口扱いと混載扱いに分けられる。これに，フェデックスやUPSのようなインテグレーターによる輸送を加えることができる。また，小口扱いは直接航空会社と取引する場合と航空貨物代理店が扱うものがある。このように，航空貨物の流れは小口扱いが2分類，これに混載扱い，インテグレーターによるものを加えて4つに分類することができる（図11-1）。

　まず，航空会社が直接扱う小口貨物の場合は，顧客である荷送人が空港に持

(図11-1) 航空貨物輸送の流れ

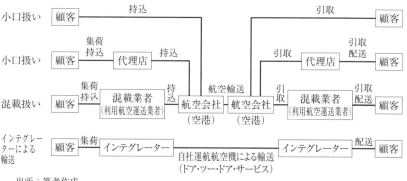

出所：筆者作成。

ち込み，航空会社によって仕向け地の空港に運ばれる。到着した貨物は，荷受人によって空港で引き取られる。このように，基本的には航空会社は空港から空港までの輸送を行う。

次に，小口扱い貨物を航空代理店が扱う場合は，荷送人が航空貨物代理店に貨物を持ち込む場合もあるが，たいていは航空貨物代理店が集荷し，航空会社に持ち込む。到着地の空港で，航空会社から航空貨物代理店が貨物を受け取り荷受人に配送する。このように，航空機による空港から空港までの輸送は航空会社が行うが，空港から戸口までの集配業務やその他の作業を航空代理店が行うことで，顧客は実質的にドア・ツー・ドア・サービスが受けられる。また，混載扱いも基本的には，航空貨物代理店による小口扱いと同じ流れになる。航空貨物代理店の部分を利用航空運送業者が行うということである。航空貨物代理店の多くは利用航空運送業者でもあるから，顧客にとって実質的に違いはない。

最後に，インテグレーターによる貨物輸の流れはもっとシンプルである。集配業務，航空輸送などすべてを自社で行う。自らドア・ツー・ドアの一貫輸送を行う。つまり，インテグレーターとは航空会社（キャリア）と航空貨物代理店や利用航空運送業者を兼ねたものだといえる。インテグレーターは，国際輸送においては，自ら通関も行う。また，小口扱い，混載扱いともに国内航空貨物

と国際航空貨物の場合も基本的な貨物輸送の流れは同じである。違いは，国際航空貨物輸送は貿易取引になり，通関が必要だということである。通関業務は，航空貨物代理店やインテグレーターが行い，ドア・ツー・ドア・サービスを提供している。

4 航空運送事業と利用航空運送事業

　航空貨物輸送に関連する法令と，航空事業と利用航空運送業の違いについて述べる。航空貨物輸送に携わる事業には，航空運送事業，外国国際航空運送事業，航空運送代理店業，利用航空運送業などがあるが，それぞれ国土交通省の許可を受け，あるいは届出をしなければならない。ここで，航空運送事業とは，「他人の需要に応じて，航空機を使用し，有償で，旅客又は貨物を運送する有償運送事業」をいう。

　似たものに航空機使用事業というのがある。これは，航空機を使用しての旅客・貨物の運送以外の事業をする場合のものである。例えば，測量や農薬散布などがこれに当たる。

　また，外国の航空会社に対して，国際航空輸送のみ許可するものが，外国国際航空運送事業である。航空運送代理店業は，航空貨物の取扱い代理店である。一方，利用航空運送業とは，荷主との間で物品の運送契約を締結し，他の事業者の運送手段（トラック，船舶，航空機，鉄道など）を使って物品の運送を行う事業を指す。利用運送業を行う為には，その事業形態によって，国土交通大臣に事業者登録をするか，又は事業許可を受ける必要がある。したがって，荷主に対する運送責任は，すべて利用運送事業者が負う。

5 航空貨物輸送の歴史

　航空貨物輸送と航空業界の歴史を振り返ると，飛行機の歴史は，1903（明治36）年にライト兄弟が初のガソリンエンジン飛行機による飛行に成功したときに始まる。航空機による輸送が事業として，つまり航空運送事業の始まりはそ

れから11年後である。1914（大正3）年に，米国STA社がタンパとセントピーターズバーグ間を飛行艇で定期航空輸送を開始したのが航空運送事業としての最初とされている。1918（大正7）年には，ワシントン・ニューヨーク間で郵便航空輸送が開始された。1919（大正8）年に，KLMオランダ航空が設立されたのを皮切りに，米国・ドイツ・オーストラリア・ソ連・スイス・フランス・英国などの先進国で相次いで航空会社が設立され，定期航空路の開設も相次いだ。日本でも国策会社として，1928（昭和3）年に，日本航空輸送が設立された。この頃，航空技術は軍事目的から開発が進んだ。第2次世界大戦を経て，航空会社やフォワーダーの新設が相次ぎ二国間協定に基づき，航空路も拡充され航空輸送は拡大した。

　1947（昭和22）年，世界民間航空の発展のための国際組織としてICAO（国際民間航空機関）が設立された。1950（昭和25）年代後半には，ジェット機が登場した。1970（昭和45）年B747，いわゆるジャンボジェットが就航，B747F（ジャンボフレイター）も出現し，航空貨物は革新的に増大した。こうして，航空貨物の大量高速輸送の時代を迎えた。

　米国は1970年代末には航空事業の自由化に取り組む。その結果，クーリエ，小口貨物輸送が拡大，今日のインテグレーターの誕生はここが起点だった。日本でも，1985（昭和60）年規制緩和の第一歩として後に述べる航空憲法の廃止が決まった。その後，1990年代後半以降，スカイマークエアラインズ，北海道国際航空（AIR DO）など多くの新規航空会社が設立されているのは周知の通りである。しかし，これらの新興航空会社は厳しい経営を強いられ，全日空，日本航空の傘下に入り，日本の航空業界は全日空と日本航空の2大グループによる寡占体制にある。

6　「5つの自由」とシカゴ体制

　航空機の発達を背景に，1919（大正8）年パリ条約において領空主権が成文化された。「すべての国は，自国の領空に関する完全な主権を有する」と規定された。この領空主権主義の下における商業航空権の基本が，「5つの自由」で

ある。

この5つの自由とは以下のようなものである。
① ある国の領域を無着陸で横断飛行する，上空通過権。
② 貨客等の積み卸しをしない，着陸権。
③ 自国から相手国に向けた輸送の自由。
④ 相手国から自国に向けた輸送の自由。
⑤ 相手国と第三国間で行う貨客の輸送を行う自由。

現在の国際航空体制の基礎となっているシカゴ条約では，これらの「5つの自由」のうち第1と第2の自由のみ規定されているにとどまり，それ以外は，相互に航空路を開設する二国間での航空交渉に委ねられることになっている（二国間協定）。1944年11月国際民間航空の基礎作りを目的に米国の提唱で52カ国が参加して行われた会議において，国際民間航空条約（シカゴ条約）や上空通貨協定（国際航空業務通過協定）などが決められた。ここで，戦後の国際航空体制の基礎が確立した。そこで，このシカゴ条約，二国間協定，ICAO（国際民間航空機関），IATA＊（国際航空運送協会）などに基づく国際航空運送事業を「シカゴ体制」と一般的に呼んでいる。しかし，戦後60年以上経ち，世の中の仕組みが大きく変わっている中で「シカゴ体制」も揺らいでいる。特に，米国を中心とした「オープンスカイ」への動きやEU域内における航空自由化などが「シカゴ体制」の変化を迫っている。

7　日本の航空事業の変遷・規制と自由化

日本の民間航空の歴史は，1922（大正11）年，日本航空機輸送研究所による水上機を使った大阪・徳島間の郵便輸送によって幕が開いた。続いて，朝日新聞社の東亜定期航空会社と川西機械の日本航空株式会社が宣伝飛行や郵便輸送を始めた。このように，初期の航空事業は宣伝飛行や郵便輸送から始まり旅客輸送へと拡大していった。1928（昭和3）年，国策会社である日本航空輸送株式会社が設立され，戦時下において民間航空事業は姿を消すことになった。第2次世界大戦終了後，米軍による占領統治下，GHQにより日本人による航空機

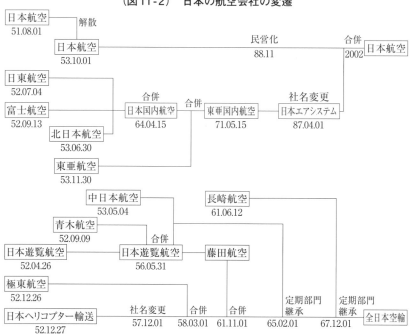

(図11-2) 日本の航空会社の変遷

出所：全日空広報室〔1995〕に筆者加筆。

の運航は一切禁止された。1952(昭和27)年，日本の航空主権が回復し，国策会社として日本航空がスタートした。日本航空の設立と相前後して，民間航空会社が多数設立された。全日空の前身である，日本ヘリコプター輸送もこの時期に設立された会社である。民間会社の乱立で多くの会社が経営的に苦しみ，合併を余儀なくされた。こうした中で，1972(昭和47)年運輸大臣通達「航空企業の運営体制について」が出され，これが「航空憲法」あるいは「四五・四七体制」と呼ばれ，その後の日本の民間航空事業の方向を決めた。1970(昭和45)年閣議決定，1972(昭和47)年通達されたのでこう呼ばれている。この体制は1985(昭和60)年に廃止されるまで続いた。

その内容は，①日本航空は国際線と国内線，国際航空貨物を担当する，②全日空は国内幹線及びローカル線と近距離国際チャーター便の充実を図る，③東亜国内航空は，国内ローカル線及び一部幹線の運航を行う，という3社の事業

分野の棲み分けを行うものであった。

　航空憲法のもとで，3社は一定期間発展，成長を遂げてきたが，米国における航空分野の規制緩和が進む中，国際関係の中でも状況が変わってきた。貨物航空専門会社である日本貨物航空（NCA）が，全日空と海運会社によって設立され，1985（昭和60）年には米国に乗り入れを開始した。運輸政策審議会は，航空憲法の見直しの中間答申を運輸大臣に提出した。その内容は，国際線に日本航空以外の日本の航空会社の参入を認めること，日本航空の完全民営化，国内線の競争の促進のため一路線に複数の航空会社の航空路開設を認める，いわゆるダブル・トラッキング，トリプル・トラッキングを認めるというものであった。1985（昭和60）年12月に政府は航空憲法の廃止を閣議決定した。こうして，日本の航空事業は自由化に向かって歩み始め，全日空は国際線に進出を果たした。2006（平成18）年全日空は，日本貨物航空（NCA）から撤退し日本郵政公社と共同でANA＆JPエクスプレスを設立し，新たな貨物輸送への取り組みを始めた。一方，日本貨物航空（NCA）は日本郵船の完全子会社として再スタートを切った。

　1990年代以降，多くの航空会社が誕生した。1996（平成8）年には，北海道国際航空（AIR DO），スカイマークエアラインズ，1997（平成9）年スカイネット・アジア航空，2002（平成14）年スターフライヤー，2005（平成17）年ギャラクシーエアラインズなどが挙げられる。

第12章　フォワーダー

1　フォワーダーとは

　フォワーダーとは，荷主とトラック，鉄道，船舶や航空機などの実際の運送を行う運送事業者との間に入って，貨物の運送取扱や利用運送，そしてこれらに付帯する業務を事業とする者を指す。具体的には，自動車運送取扱業者，通運事業者，利用航空運送業者，航空運送取扱業者，内航運送取扱業者などがある。利用運送業者とは荷主から貨物の運送を引受けるが，自らは運送手段を持たず，実際の運送を行う運送事業者である実運送人の運送を利用して荷主との運送契約を履行する事業者のことをいう。一般には，単にフォワーダー(forwarder)というと利用航空運送業者を指す。この利用航空運送事業とは，商社やメーカーなどの複数の荷主から集荷してきた貨物を仕向け地ごとに仕分けし，1個の大口貨物に仕立て，自らが荷主として航空会社に運送を依頼する業務のことである。航空運賃が重量逓減制であることから，荷主と業者の双方がメリットを得ることができる。また，外航海運フォワーダーはNVOCC＊(non-vessel-operating common carrier：非一般船舶運航事業者)と呼ばれる。フォワーダーは，フォワーダーだけの専業者は少なく，多くの事業を兼業しているのが特徴である。

　今日，航空貨物輸送や海上貨物輸送においてフォワーダーの存在が注目されている。日本ではまだ歴史の浅いフォワーダーであるが，ヨーロッパでは古くからあり，大きな存在感を示していた。それは，ヨーロッパでは，多くの国と国境を接しており，ちょっとした輸送も国際貿易で煩雑な手続きが必要であったという歴史的，地理的な背景によるものである。こうした時代に誕生したフォワーダーがスイス系のパナルピナ，キューネ・アンド・ナーゲル，ダンザスやドイツのシェンカーなどであり，日本でも馴染みの深い名前である。これらの会社も現在は，フォワーダーというより3PLなどの新しい物流サービスを

取り入れ，総合物流事業者に生まれ変わっている。

2 フォワーダーの機能

フォワーダーの機能は，本来の業務としての基本的機能とそれに付帯する業務の2つに分類される。

2-1 基本的機能

フォワーダーの基本的機能は，次の2つである。
① 自己の名を持ってする運送の取次である。媒介又は代弁をなすもので，荷主に対し取次等の限度で責任を負う（運送取扱機能）。
② 荷主から貨物の運送の引受け運送責任を負うが，自らは輸送手段を持たないため，輸送手段を持つ実運送人を利用して運送を行う（利用運送機能）。

2-2 付帯的業務

付帯的業務としては，次のような業務が挙げられる。
① 運送関係書類の作成
② 輸送の調整・組合わせ，スペースの手配
③ 情報の処理
④ 保　管
⑤ 通　関
⑥ 什分け・梱包
⑦ コンテナ積込等
⑧ 保険代理業務及び金融補助サービス
⑨ その他諸手続き

3 日本のフォワーダーに関する法制度の変遷

　日本におけるフォワーダーを取り巻く法制度には，自動車は道路運送事業法，鉄道は通運事業法，航空は航空法，海運は海上運送法及び内航海運業法がある。一方，物流に対する顧客のニーズが多様化，高度化する中で，フォワーダーは，荷主と実運送事業者とのコーディネーターとしての重要な役割を期待されるようになった。また，規制緩和という世の中の流れもあり，1989(平成元)年，貨物運送取扱事業法が，貨物自動車運送事業法とともに制定され，翌1990(平成2)年施行された。この2つを合わせて物流二法と呼んでいる。日本の物流規制緩和はここに始まったといえる。この法律に基づき，それまで輸送モードごとに別々に規定されていたものを，各運送機関にまたがり，独立した機能を果たす事業としてフォワーダーの業務が位置付けられた。あわせて，事業規制の簡素化，合理化により事業の活性化が図られた。

　その後，さらなる規制緩和を目指して，2003(平成15)年貨物運送取扱事業法が改正され，貨物運送取扱事業法は，貨物利用運送事業法と名称が変わった。貨物利用運送事業法，貨物自動車運送事業法及び，改正された鉄道事業法を加えて物流三法と呼ぶ。

3-1 貨物運送取扱事業法

　1990(平成2)年施行された物流二法の1つである貨物運送取扱事業法では，その運送責任の範囲により，利用運送事業と運送取次事業に区別している。利用運送事業は，船舶や航空機を実際に運航する実運送業者を利用して，荷主から預かった貨物を運送することである。これに対して，運送取次事業は，荷主からの需要に応じて自己名義もしくは他人の名義で実運送事業者や利用運送事業者に貨物の取次ぎ，及び貨物の受け取りを有償で行うことをいう。さらに，利用運送業は第一種利用運送業と第二種利用運送業に分けられる。第一種利用運送業は，外航・内航・トラック及び集配を伴わない航空・鉄道の利用運送事業をいう。第二種利用運送業は，航空運送，鉄道運送等を利用して，その前後のトラック(軽自動車を除く)による集配送を含めてドア・ツー・ドア・サービ

スを提供するものをいう。第一種利用運送事業と第二種利用運送事業の大きな違いは，トラックによる集配送と，その結果としてのドア・ツー・ドア・サービスの有無といえる。

このように，1990(平成2)年施行の，物流二法において，利用運送事業は許可制になり，また，鉄道に係る貨物運送取扱事業と利用航空運送事業も許可制になった。運送取次ぎ事業は登録制に，料金及び運賃については事前届出制となり大きく規制緩和，2003(平成15)年施行の物流三法によって，さらに規制緩和が進展した。

3-2 貨物利用運送事業法

2003(平成15)年施行された物流三法における貨物利用運送事業法では，利用運送事業への参入規制の緩和が図られた。具体的には，貨物運送取扱事業法では許可制であった第一種利用運送事業が登録制になった。また，第二種利用運送事業の幹線輸送対象が鉄道と航空に限定されていたが，これまで対象でなかった海運がこれに加えられた。その他，これまで登録制となっていた運送取次事業が廃止され，利用運送事業における運賃，料金の事前届出制も廃止されるなど多くの点で規制緩和が進んだ。

4 航空フォワーダー

航空フォワーダーは，わが国においては，利用航空運送事業者あるいは航空貨物混載業者などの名称で呼ばれている。

航空フォワーダーは，もともとは鉄道の地上輸送にならったもので，航空分野への出現は1945～46年(昭和20～21年)頃である。これは通常，次のような機能を持っている。「運送取扱」，「運送代弁」，「貨物の集配」及び「利用運送」等である。航空フォワーダーは，航空会社と運送契約を結び，自己の名前で荷主の貨物を託送し，目的地でその貨物を航空会社から受け取る。これが「運送取扱」といわれるものである。「運送代弁」は，荷主の名前で航空会社へ貨物を託送し，その貨物を目的地で航空会社から受け取るというものである。

また，航空会社で輸送される貨物を発送地において荷主から集荷し，到着地において荷受人に配達するのが「貨物の集配」であり，さらに，航空会社を運送人として利用して貨物を輸送するのが「利用輸送」に当たる。

　航空フォワーダーの最も代表的な業務は，貨物を航空輸送するとき，戸口から空港，空港から戸口までの輸送を担当するもので，いわば航空会社と表裏一体となって，戸口から戸口までの一貫輸送することになる。航空フォワーダーは，この場合，多数の小口貨物を一括して大口の貨物に仕立て，これを航空会社に委託し，航空会社には低廉な高重量運賃を支払い，荷主からは小口運賃（航空会社に支払った運賃よりも高額の運賃）の支払いを受け，その差額を利益として収受することで利益を得る。

　航空フォワーダーは，混載業，貨物代理店業，輸出入通関業，クーリエ・スモールパッケージや陸上配送など航空貨物輸送にかかわるあらゆるサービスを提供できる体制を構築している。荷主にとっては，貨物の梱包や輸出入の書類作成を含めて，一切を航空フォワーダー1社に任せることで手配が済むことになる。

　日本では，航空貨物輸送をする場合の方法は大きく3つある。まず，直接航空会社に貨物を持ち込む方法。次に，航空貨物代理店を利用する方法である。第3番目が利用航空運送事業者を利用する方法である。このうち，直接航空会社に持ち込む方法はほとんどない。ほとんどが代理店か利用運送事業者を通す方法である。航空会社も当初は自ら貨物の集荷をしていたが，航空機の大型化，高速化に伴い大量の貨物を集める必要から，集荷力のある代理店や利用運送事業者に任せ，自らは輸送サービスの提供に集中するという輸送と販売の分離という今日の形になったと考えられる。この点が，自ら輸送も販売も行う海運との大きな相違点である。

　国内の利用航空運送事業者数は，2015年度で68社あり（次頁の表12-1），国内航空貨物輸送のおよそ7割の貨物を扱っている。国際貨物を取扱うフォワーダーは127社あるが，日本通運，近鉄エクスプレス，郵船ロジスティクス，上位3社が，フォワーダー扱いの貨物の半分を取り扱っている。国内の航空フォワーダー業界は寡占構造になっている。

(表12-1) 貨物利用運送事業者数の推移

西暦	鉄道利用	航空利用 国際(一般混載)	航空利用 国内(一般混載)	自動車利用	内航海運利用	外航海運利用
1997年	879	48	49	44,135	1,695	361
98	893	56	52	44,940	1,709	377
99	896	58	56	45,869	1,740	382
2000	902	59	57	46,888	1,757	400
01	912	63	56	47,787	1,762	424
02	926	67	57	48,414	1,780	438
03	930	68	59	18,771	1,702	460
04	930	77	59	19,226	1,804	495
05	941	76	59	19,394	1,854	520
06	950	81	58	19,800	1,851	542
07	960	89	61	20,369	1,865	569
08	961	99	66	20,846	1,874	596
09	967	100	59	21,375	1,914	631
10	1,008	106	64	21,929	1,978	686
11	1,040	113	65	22,394	2,037	729
12	1,047	116	66	22,841	2,027	769
13	1,064	129	67	23,287	2,091	825
14	1,074	130	68	23,543	2,165	869
15	1,090	127	68	23,841	2,221	911

注：自動車の利用運送事業者数は，2003年の改正により利用運送の兼業事業者は除かれ，利用運送専業事業者のみとなった。
出所：(一社)日本物流団体連合会〔2017〕112頁。

(表12-2) 世界のフォワーダーランキング(2016年)

(単位：トン)

順位	企業名	航空貨物	順位	企業名	航空貨物
1	DHL Group	2,081,000	11	Sinotrans	532,400
2	Kuehne Nagel	1,304,000	12	近鉄エクスプレス	495,947
3	DB Schenker	1,179,000	13	CEVA Logistics	421,800
4	UPS	953,300	14	Agility	372,700
5	Panalpina	921,400	15	郵船ロジステイクス	332,380
6	Expeditors	875,914	16	GEODIS	330,000
7	日本通運	705,478	17	西日本鉄道	286,897
8	Hellman Worldwide	576,225	18	Kerry Logistics	282,200
9	DSV	574,644	19	DACHSER	272,100
10	Bollore Logistics	569,000	20	日立物流	230,000

出所：『日刊CARGO』2017年6月26日(アームストロング＆アソシエイツ社調べ)。

日本発着貨物のみならず三国間の貨物を含め日本のフォワーダー(航空貨物)の存在感が増している。世界のフォワーダー(航空貨物)のランキングの上位20社に，7位に日本通運，12位に近鉄エキスプレス，15位に郵船ロジスティクス，17位に西日本鉄道，20位に日立物流の5社がランクインしている(表12-2)。

5　外航海運フォワーダー

外航海運フォワーダー(NVOCC)は，不特定多数の荷主から貨物の輸送を引き受け，輸送に責任を負うが，自らは船舶を保有・運航せず，実際船舶を運航する船会社の運送手段を利用する。この場合，船会社に対して，自らは荷主の立場で船腹を利用する。NVOCCという言葉は，米国の「1984年新海事法」(Shipping Act of 1984)によって認可されて以来，米国以外でも広く海運業界で使用されるようになった。

NVOCCは，荷主からのブッキング(船腹予約)に基づき，自らが荷主となって船会社や，場合によっては他のNVOCCにブッキングを行う。他のNVOCCに輸送を委託することをCo-Loadingという。NVOCCは船会社に対しては，荷主(shipper)であり，荷受人(consignee)であり，船会社が運送人である。貨物の本来の荷主との関係では，NVOCCが運送人であり，貨物の輸送，受け渡しなど一切の責任を持つ。荷渡しは，通常現地で代理店を使う。その代理店への

(表12-3)　日本の主要外航海運フォワーダー(NVOCC)

	NVOCC企業名
メーカー系	日立物流，東芝物流，NECロジスティクス
輸送事業者系	日本通運，日新運輸，山九，宇徳運輸，名港海運
倉庫系	三井倉庫，三菱倉庫，住友倉庫
鉄道会社系	近鉄エクスプレス，西鉄航空，東急エアカーゴ
船会社系	NYKロジスティクス，商船三井ロジスティクス，ケイロジスティクス
商社系	アイ・ロジスティクス，スミトランス，MC Trans International

出所：筆者作成。

指示もNVOCCの重要な仕事の1つである。また、小口貨物の場合は、コンテナ詰めの後、船会社指定のコンテナヤードへコンテナを持ち込む。

日本のNVOCCは、物流事業者を中心にいろいろな分野からの参入が相次いでいる。主として、大手メーカー系、輸送業者（トラック）系、倉庫系、鉄道会社系、船会社系、商社系の6つに分類できる。しかし、フォワーダー業は、経験とネットワークさえあれば電話1本で事業を始めることも可能である。このため、先に挙げた大手以外にも個人事業的なNVOCCも存在する。

6 フォワーダーの意義

フォワーダーは、一言でいえば、利用運送人を意味する。同時に、実務的には混載運送事業者でもある。混載事業者は、一般的に多くの他の事業を兼業している。それは、運送に付随、あるいは関連する業務である。

具体的には、運送取扱事業、運送代理業、運送仲立業、あるいは自動車運送事業、上屋業、通関業、梱包業、保険代理店業などその内容は多岐にわたっている。このように、フォワーダーは本来の利用運送業の他にも多くの事業を兼務しているのが実態である。その結果、総合物流事業者といえる事業者も少なくない。自ら実運送手段や資産を必ずしも所有していなくても、他人の輸送手段や資産を利用してあらゆる物流サービスを荷主に提供している。つまり、フォワーダーを窓口にすることによって、物流のワンストップサービスが可能である。特に、陸・海・空の多様な輸送手段を組み合わせての、国際複合一貫輸送の担い手としての役割が重要である。また、少量の貨物しか扱わず輸送事業者に対して影響力がなく、輸出入貨物の扱いに不慣れな中小荷主などに代わって、輸送の手配から物流全般業務代行してくれるフォワーダーは、便利な存在である。不特定多数の貨物を集めることで、そのスケールメリットを生かし、航空会社や船会社から割安な運賃を引き出し、荷主に還元することが可能でもある。

第13章　港湾・ターミナル業界

1　港　湾

　港湾は，海と陸の結節点であり，海外と国内各地域あるいは国内地域間の流通窓口として重要な機能を果たしている。港湾は利用形態により，商港，工業港，漁港，観光港，避難港などに分類される。また，その機能から流通港，エネルギー港，レクリエーション港などに分類されることもある。一般的には，その役割や機能は複合的な場合が多く，厳密に分けることは無理がある。また，日本の港湾は，法律上，港湾法の適用を受ける994の港湾と，漁港法の適用を受ける約3,000の漁港に区分される。港湾法の適用を受ける港湾は，さらに国際戦略港湾（5港），国際拠点港湾（18港），重要港湾（102港），地方港湾（808港）および56条港湾（61港）に分類される（表13-1）。

　国際戦略港湾は，長距離の国際コンテナ運送に係る国際海上貨物輸送網の拠点となり，かつ，当該国際海上貨物運送網と国内海上貨物運送網とを結節する機能が高い港湾であって，その国際競争力の強化を重点的に図ることが必要な

（表13-1）　日本の港湾数一覧

（2016年4月1日現在）

区分	総数	都道府県	市町村	港務局	一部事務組合	計	都道府県知事
国際戦略港湾	5	1	4	0	0	5	－
国際拠点港湾	18	11	4	0	3	18	－
重要港湾	102	82	16	1	3	102	－
地方港湾	808	504	304	0	0	808	－
計	933	598	328	1	6	933	－
（うち避難港）	(35)	(29)	(6)	(0)	(0)	(35)	－
56条港湾	61	－	－	－	－	－	61
合計	994	598	328	1	6	933	61

出所：国土交通省港湾局監修〔2017〕94頁。

港湾として政令で定めるもの(港湾法第2条第2項)。国際戦略港湾は,港湾法および「特定外貿埠頭の管理運営に関する法律」の一部を改正する法律によって,日本の港湾の国際競争力の強化を図ることを目的に,従来の特定重要港湾を廃止し,新たに港のランクとして最上位に位置づけられたものであり,現在,政令により東京港・川崎港・横浜港・大阪港・神戸港の5港が指定されている。また,これら5港は,阪神港(大阪港,神戸港)および京浜港(川崎港,横浜港,東京港)として国土交通省の「国際コンテナ戦略港湾」に選定されている。

 国際拠点港湾は,国際戦略港湾以外の港湾であって,国際海上貨物輸送網の拠点となる港湾として政令で定めるもの(港湾法第2条第2項)。

 重要港湾は,国際戦略港湾,国際拠点港湾以外の港湾であって,海上輸送物の拠点となる港湾その他の国の利害に重大な関係を有する港湾として政令で定めるもの(港湾法第2条第2項)。

 地方港湾は,国際戦略港湾,国際拠点港湾,重要港湾以外の港湾であって,概ね地方の利害に係る港湾(港湾法第2条第2項)。

 避難港とは,暴風雨に際し小型船舶が避難のため停泊することを主たる目的とし,通常貨物の積卸し又は旅客の乗降の用に供せられない港湾で政令で定めるもの(港湾法第2条第9項)。

 56条港湾とは,港湾区域の定めのない港湾で,都道府県知事が水域を告示したもの(港湾法第56条第1項)。

 日本は島国であるために,輸出入貨物の輸送を航空機か船舶に頼っている。そのうち重量ベースで99.6%,金額ベースで約70%が船舶,つまり港湾を利用して輸出入されている。港湾は,ターミナルとしての機能を果たすことで国際物流を支えている。今日,コンテナ化が進展し,一般貨物のほとんどがコンテナ貨物として港湾を通過する。つまり,港湾のターミナル機能の中心は,コンテナ・ターミナルである。本章では,港湾及びそのターミナル機能を中心に述べる。

2 港湾運送事業

2-1 港湾産業と港湾運送事業

　港湾において，港湾がターミナルとして機能するための物流サービスを提供する産業には，倉庫業，梱包業，通関業や港湾運送事業など，その数は多い。その中で，一番大きな比重を占めているのが，港湾運送事業である。ここでは，港湾運送事業に焦点を当てて述べる。

　港湾運送事業は，港湾における船舶の貨物の積揚げ，はしけでの運搬や貨物受渡，検数，検量や鑑定などの作業のことである。港湾が，ターミナルとしての機能を果たす上で，特に重要な役割を担っている。そのため，港湾秩序を維持し，良質な港湾サービスの健全な発展による継続的提供を目的として，港湾運送事業法が定められている。港湾運送事業法によって規定されている事業の種類は，一般港湾運送事業，港湾荷役事業（船内，沿岸及び一貫），はしけ運送事業，いかだ運送事業，検数事業，鑑定事業，検量事業の7事業と港湾運送関連事業である。

　一般港湾運送事業とは，荷主または船会社の委託を受け，港湾において貨物の積揚げを行う事業をいう。また港湾荷役，はしけ運送，いかだ運送事業を一貫して行い，あるいは元請としての役割を果たす。その業務範囲が限定されていない無限定一般港湾運送事業者と，委託者や取扱貨物などの業務範囲が限定されている限定一般港湾運送事業者に分けられる。

　港湾荷役事業は，船内荷役及び沿岸荷役を一貫して行う事業である。貨物の積揚げにおいて，個数や受渡しの証明を行う事業を検数事業という。また，船舶への貨物積み付けなどに関する調査，鑑定や証明をする事業が鑑定事業である。検量事業は，船舶貨物の積揚の際に，貨物の容積や重量の計算または証明をする。はしけ運送事業，いかだ運送事業は，それぞれいかだやはしけによる貨物の輸送を事業とするものである。

2-2 港湾運送事業法

　港湾運送事業法は，1951（昭和26）年に制定された。これをもって港湾運送

事業が，法的にその地位を確立することになった。その後，港湾運送事業の活動も変化し，それにつれて港湾運送事業法も都度改正された。近年の規制緩和の波は，港湾運送事業にも及んでいる。2000（平成12）年5月17日に公布された「港湾運送事業法の一部を改正する法律」において，特定港湾における一般港湾運送事業，港湾荷役事業，はしけ運送事業，いかだ運送事業の参入規制が免許制から許可制に変わった。このように一般港湾運送事業にも市場原理が導入され，事業の免許制が許可制に，料金の認可制が届出制になるなど規制緩和が進展した。ただし，これは特定港湾だけであり，それ以外の港湾については事業の免許制，料金の認可制もそのまま残っている。

港湾運送事業が法律によって規制されているのは，日本独特のものである。米国をはじめ，日本のような港湾運送事業法がない国が一般的である。したがって，これらの国では港湾運送事業は原則自由である。しかしながら，実際には，各種の制約があって新規参入は容易ではない。例えば，英国では，港湾運送事業は原則自由であるが，港湾労働者の雇用の義務付けや港湾管理者から免許の交付を受けなければならないなど，高いハードルが存在している。

3　コンテナ・ターミナルの運営

1960年代後半に定期航路にコンテナが登場して以来，40年間で定期航路のほとんどがコンテナ化された。これに伴って，港湾荷役においてもコンテナの取扱が重要である。そこで，コンテナ化に対応するために1967（昭和42）年10月京浜と阪神に外貿埠頭公団が設立され，コンテナ・ターミナルの整備が進められた。これは後に埠頭公社に衣替えする。埠頭公社によるコンテナ・ターミナルは，船会社系の港運事業者によって運営されており，特定の船会社の専用使用が一般的である。また，その後，公共ターミナルの整備が進んだ。これらはスポット使用の形を取っている。その運営は従来の港湾事業者によるものが多い。公社ターミナルと公共ターミナルが混在しているのが日本のコンテナ・ターミナルの特徴である。また，最近は，北九州の響灘や常陸那珂港ではコンテナ・ターミナル整備にPFI（public finance initiative）方式を取り入れるなど，

その整備方式は多様化している。

　コンテナ・ターミナルを運営する事業者を，一般にコンテナ・ターミナルオペレーター，または単にターミナルオペレーターと呼ぶ。日本においてターミナルオペレーターは，荷主または船会社の委託を受け，元請として，港湾において貨物の積揚げを行い，また港湾荷役，はしけ運送，いかだ運送事業を一貫して行う。したがって，港湾運送事業法では一般港湾運送事業に当たる。その事業者の多くが，無限港湾運送事業者である。ターミナルオペレーターの多くは，船会社系とステベといわれる港湾荷役会社である。

4　世界のコンテナ・ターミナルの現状

4－1　世界のコンテナ・ターミナル業界の現状

　2016年の世界のコンテナ・ターミナルでのコンテナ取扱実績は6億97百万TEUあった。これは前年比で5.6％増加である。リーマンショック後の景気後退局面における場面など一時的な取扱量の停滞はあったものの，アジアをはじめとする新興国の経済成長を背景に全体としては順調に伸びている。Drewry Maritime Researchによれば2021年までの平均増加率は4％と予想している。これは世界のGDPの伸び率よりも大きい。世界的に見ればコンテナ・ターミナル事業は有望な産業であるといえる。

　コンテナ・ターミナルの運営事業者によるコンテナ取扱量の規模でみると，シェア1位がPSA（シンガポール）でその取扱量は52.4百万TEUで，世界全体のコンテナ取扱量の7.5％を占めている。2位はHPH（ハチソン・ポート・ホールディングス）で，取扱量45.6百万TEU（6.5％），3位はDP Worldの40.4百万TEU（5.7％），4位はAPMT37.3百万TEU（5.3％）となっており，4社が世界のコンテナ取扱量に占める割合は25.0％に達する。上位10社ではそのシェアは35.1％となる（図13-1）。

　世界的規模で，コンテナ・ターミナルを運営する企業は，"グローバル・ターミナルオペレーター"と呼ばれる。Drewry Maritime Researchでは，こうした大手ターミナルオペレーターとして24社を挙げている（2016年）。その24社

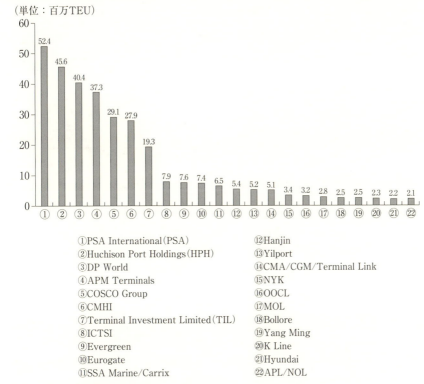

(図13-1) 世界主要コンテナ・ターミナルオペレーターのコンテナ取扱量（2016年）

出所：Drewry Maritime Research〔2017〕．

のシェアは45.7％を占めている。特に，上海，シンガポール，香港などのハブ港といわれる港において上位のターミナルオペレーターのコンテナ取扱シェアが高い（表13-2）。

近年，コンテナ船の大型化が進んでおり，最近ではCMA/CGMの16,000TEU型をはじめマースクラインの18,000TEUも現れている。2017年には商船三井の20,000TEU型のコンテナ船が就航した。さらに，CMA/CGMによる22,000TEU型のコンテナ船が韓国の造船所に最大11隻発注されたことが報じられた。こうした超大型コンテナ船の荷役に対応可能なスーパー・ガントリー・クレーンを装備するターミナルの多くが，一部のグローバル・ターミナ

(表13-2) 世界のコンテナ取扱量上位20港

順位	2016年		2015年	
1	上海	3,713	上海	3,654
2	シンガポール	3,090	シンガポール	3,092
3	深圳	2,398	深圳	2,420
4	寧波	2,156	寧波	2,063
5	釜山	1,985	香港	2,008
6	香港	1,958	釜山	1,943
7	広州	1,888	広州	1,757
8	青島	1,800	青島	1,750
9	ドバイ	1,477	ドバイ	1,559
10	天津	1,450	LA／LB	1,535
11	ポートクラン	1,318	天津	1,411
12	ロッテルダム	1,238	ロッテルダム	1,223
13	高雄	1,046	ポートクラン	1,189
14	大連	1,004	高雄	1,026
15	アントワープ	961	アントワープ	965
16	厦門	941	大連	930
17	ハンブルグ	891	厦門	918
18	ロサンゼルス	886	タンジュンペラパス	913
19	タンジュンペラパス	803	ハンブルグ	887
20	レムチャバン	723	レムチャバン	682
	20港合計	31,726	20港合計	31,925

出所:(公財)日本海事広報協会〔2017〕ほか。

ルオペレーターによって運営されている。グローバル・ターミナルオペレーターは，新規ターミナルへの投資，開発だけでなく，M&Aによってもそのシェアを増加させている。

4-2 グローバル・ターミナルオペレーターの分類

　グローバル・ターミナルオペレーターを，その出身母体あるいは親会社によって，港湾荷役等，もともと港湾ターミナルにおけるオペレーションを本業とする企業と，定期船会社を親会社に持つ企業に分類することができる。

　定期船会社系のオペレーターは，さらに2つに分けられる。第1は，親会社

のコアビジネスであるコンテナ輸送をサポートすることを，主な目的とする企業である．この場合，ターミナル事業は，コストセンター*と位置付けられるのが一般的である．第2は，親会社のコンテナビジネスをサポートしつつも第三者へのサービスを展開し，ターミナルオペレーションを独立した事業として，つまりプロフィットセンター*として位置付ける企業である．

　この2つを厳密に分けることは容易ではないが，定期船会社系の多くのグローバル・ターミナルオペレーターは，第1の分類，つまり親会社の支援のための事業といえる．明らかに第2に分類されるグローバル・ターミナルオペレーターとしては，APMTと日本郵船が挙げられる．APMTはすでに世界屈指のグローバル・ターミナルオペレーターである．また，日本郵船は，米国の港湾会社セレスターミナルを買収し，ターミナル事業をコアビジネスの1つとして育てようとしており，大連のコンテナ・ターミナルへの出資・事業参加など，中国への事業展開にも積極的な様子が伺える．港湾会社系や，定期船社系でコンテナターミナル事業をプロフィットセンターと位置付けるグローバル・ターミナルオペレーターの事業活動の地域は全世界に広がっている．これに対して，コンテナ輸送の支援が本来の目的というターミナルオペレーターにおいては，米国と東アジアにその事業を限定して展開しているケースが多い．例として，韓国の韓進海運，台湾のヤンミンや香港のOOCL，あるいは川崎汽船もここに分類できる．

　グローバル・ターミナルオペレーターは，その経営形態によっても分類可能である．国家や港湾当局など公的機関によって所有・運営されているオペレーターと私企業によるものに分けられる．国家や港湾管理者によって所有・運営されているオペレーターの代表は，シンガポールのPSAやアラブ首長国連邦のDP Worldがある．PSAは，シンガポール政府の所有する投資会社テマセックを持ち株会社として，その傘下にある．DP Worldは，DPA(Dubai Port Authority)とDPI(Dubai Port International)を一緒にして，DP Worldの名称で積極的にターミナル事業に乗り出している．2005年，CSXWTの買収に続き，2006年にはP&O Portsを買収し，グローバル・ターミナルオペレーターとしてトップ3に名前を連ねるまでに急成長した．ハンブルグ市が所有するHHLA

(表13-3) グローバル・ターミナルオペレーターの分類

分類	特徴	経営形態	主要オペレーター
港湾会社系 (Stevedores)	港湾・ターミナル運営そのものを事業としている。(Profit Center)	国家等公的機関による所有・運営	PSA, DP World (P&O Ports), HHLA
		私企業	Hutchison Port Holdings (HPH), Eurogate, SSA Marine, Dragados, Crup TCB, ICTSI
定期船社系 (Carriers)	本来業務は，定期船によるコンテナ輸送であり，ターミナル事業はコアビジネスであるコンテナ輸送を支援するための事業。(cost center)	国家等公的機関による所有・運営	NIL
		私企業	CMA/CMG, Evergreen, APL, Hanjin, Kline, MISC, MOL, Yang Ming, Hyundai (HMM)
	母体に定期船会社を持つが，独立したターミナル事業を運営する会社。ターミナル運営を独自に事業として展開，親会社の支援と同時に第3者へのサービス提供・事業の拡大を図る。(Profit Center)	国家等公的機関による所有・運営	COSCO Pacific
		私企業	APMT, NYK

出所：筆者作成。

もこの分類に属する。

　このように，国家など公的な機関によって所有されるオペレーターの多くが港湾系の企業である。定期船社系のグローバル・ターミナルオペレーターとしては，中国のCOSCO Pacificが挙げられる。一方，定期船社系のオペレーターの多くが私企業である。港湾会社系の私企業は，香港のHPH，SSA MarineやICTSIなどが挙げられる（表13-3）。

4－3　コンテナ・ターミナルオペレーターの寡占化の進展

　先述の通り，グローバル・ターミナルオペレーター上位4社の世界のコンテナ取扱量に占めるシェアは約25.0％，上位10社では35.1％，グローバル・ターミナルオペレーターといえる24社合計では45.7％を占めている。HPH，APMT，DP World，PSAの上位4社，およびChina COSCOグループもターミ

ナル事業拡大に積極的である。また，今後の投資も積極的に推し進めており，4社のターミナル能力は，2021年までにその規模はおよそ12％増加すると見込まれる。このように，一部のグローバル・ターミナルオペレーターによる寡占化は，ますます進展している。

グローバル・ターミナルオペレーターによる事業拡大戦略はＭ＆Ａが主流である。DP Worldは，2005年・2006年に，CSXWTおよびP&O Portsの買収によって一挙にグローバル・ターミナルオペレーターの仲間入りを果たし，今やAPMTを抜いてトップ3に入った。中国のChina ShippingとCOSCOの合併によるChina COSCOもターミナル事業において大きく規模を拡大し上位4社に迫る勢いである。

Ｍ＆Ａは，事業拡大の一番早い手段である。しかし，国や地域によってはこれから開発しなければならないというところもあり，既存の施設を買収するという手法がいつも使えるわけではない。また，成長著しく，今後コンテナ・ターミナル運営で最も期待される国においては開発，投資に関する規制もあり，国・港湾管理者との共同開発も行われている。中国は，将来的に最もコンテナ取扱量の増加が期待できる国である。ターミナル事業の期待も大きく，積極的な新規コンテナ・ターミナルの開発が主要港で進んでいる。ここでは，港湾管理者と複数のグローバル・ターミナルオペレーターが共同で開発を進めるところも見られる。このように，事業拡大には様々な手法が，使われている。特に，ターミナル事業拡大の有効な手段として活用されている手法が民営化とBOTである。

民営化(privatization)は，ターミナルやその施設，あるいはその運営権を民営化の機会に，国や公共機関から買い上げるものであるが，単に取得するのではなくターミナル運営権のみを取得するという方法も多くとられている。DP WorldによるFujairah Container Terminalの30年間の運営権取得や，ICTSIによるマダガスカルのToamasina Terminalの20年間の運営権取得などの例が挙げられる。

もう1つの手法は，BOT(build, operate and transfer)である。新しいターミナル施設を建設し，事業を拡張する場合，BOTスキームを採用することで，外

国の資本や技術を誘致できる一方で，国・港湾管理者は，長期的にはその所有権を確保することがでる。米国のGreenfieldにおけるAPMT，タイのLaem Chabangの拡張計画におけるHPHなどにこうした例が見られる。特に南米，アフリカや中東など新興国への投資が顕著である。

5　日本のコンテナ港とコンテナ・ターミナル

5−1　日本港湾を取り巻く環境変化

ここでは，日本の港湾の中でコンテナ港湾とコンテナ・ターミナルを中心に述べる。

コンテナ荷動きは世界的な活況を受け増加が続いており，「世界の工場」となった中国の主要港では近年のコンテナ取扱量は大幅な増加が続いている。こうした急増するコンテナ量を背景に2005年末，上海港洋山コンテナ・ターミナルが一部オープンするなど，世界各地でコンテナ・ターミナルの整備が急ピッチで進められている。他にも，釜山港などが地域のハブ港の座を狙って，コンテナ・ターミナルの整備を急ピッチで進めている。また，新興国ではグローバル・ターミナルオペレーターなど民間の資本を使っての開発が注目される。

一方，日本の主要コンテナ港ではその取扱量は増加しているが，中国などに比べると増加率は低く，コンテナ船の日本の港への寄港数は減少しているのが現状である。また，日中貿易の増加による中国や韓国などのアジア近海航路の増加から，1990年代後半以降は，地方港のコンテナ輸出入量が顕著に増加した。しかし，2005年以降地方港の伸びは鈍化している。地方港の中でも，コンテナ取扱量の増加している港と，減少している港の2極化が進んでいる。なお，外国貿易コンテナ取扱港の中で，ここでは，東京・横浜・名古屋・大阪・神戸の5大港及び清水，四日市，北九州，博多の主要4港以外の53港を地方港として扱っている。

5−2　日本港湾の現状

日本の外国貿易コンテナを取り扱う港の数は2016年1月現在で64港ある。

(表13-4) 日本の外貿コンテナ取扱量（2016年）

順位	港湾名	外貿コンテナ(千TEU)*			順位	港湾名	外貿コンテナ(千TEU)*		
			輸出	輸入				輸出	輸入
1	東京(京浜)	4,250	1,980	2,269	34	今治	29	14	14
2	横浜(京浜)	2,520	1,327	1,193	35	直江津	28	14	14
3	名古屋	2,491	1,296	1,194	36	松山	28	13	14
4	神戸(阪神)	2,140	1,149	990	37	小名浜	29	15	13
5	大阪(阪神)	1,952	888	1,063	38	岩国	27	17	10
6	博多	844	402	441	39	細島	25	14	11
7	北九州	448	229	218	40	三田尻中関	25	15	10
8	清水	444	227	216	41	八戸	24	13	11
9	苫小牧	201	96	104	42	釧路	23	12	11
10	四日市	179	97	81	43	八代	18	9.2	9.6
11	仙台塩釜	156	77	78	44	堺泉北	18	9.0	9.6
12	新潟	155	74	80	45	徳島小松島	17	8.5	8.6
13	広島	152	76	76	46	三池	16	8.0	8.2
14	水島	117	62	55	47	茨城・常陸那珂	16	7.1	8.8
15	川崎(京浜)	83	39	44	48	舞鶴	14	7.3	7.4
16	那覇	77	37	39	49	小樽	14	7.0	7.1
17	秋田	77	40	36	50	川内	12	6.4	6.3
18	三島川之江	72	33	38	51	御前崎	12	8.0	4.5
19	志布志	70	35	35	52	高知	12	6.2	6.3
20	伏木富山	70	34	35	53	長崎	7.7	4.0	3.6
21	福山	68	32	36	54	熊本	7.2	3.5	3.6
22	徳山下松	62	41	21	55	和歌山下津	5.6	2.8	2.8
23	金沢	60	30	30	56	宇部	5.0	2.5	2.5
24	下関	53	26	26	57	函館	4.6	2.7	1.8
25	伊万里	51	24	26	58	浜田	4.1	2.0	2.1
26	石狩湾新	50	25	25	59	大竹	3.9	1.8	2.0
27	千葉	46	28	18	60	室蘭	3.0	2.4	0.6
28	敦賀	42	21	21	61	油津	2.9	1.3	1.5
29	境	37	19	17	62	鹿島	2.8	1.3	1.4
30	三河	36	17	18	63	石垣	0.8	0.8	0
31	酒田	32	17	14	64	鹿児島	0.7	0.3	0.4
32	高松	31	15	14		全国合計	17,559	8,764	8,794
33	大分	30	16	13					

＊：百TEU以下は切捨。但し，10千TEUを下回るものは百TEUまで表記。
出所：国土交通省港湾局監修〔2017〕。

全国の取り扱いコンテナは，20フィート換算で1,756万個であった（2016年実績）。東京，横浜，名古屋，大阪，神戸の5大港で全体の76.1％，これに博多，北九州，清水，苫小牧，四日市の5港を加えた10大港で88.2％を占める。その反対に，年間の取扱量が10,000未満の港が12港ある。これは全体の19％を占めている。つまり，日本のコンテナ取扱港は規模の小さな港が多くあり，取扱量が分散している。釜山港に全体の70～80％のコンテナが集中している韓国とは大きく違う点である。

5-3　日本港湾の国際競争力回復への取り組み・スーパー中枢港湾構想

運輸省による港湾整備構想「大交流時代を支える港湾」（1995年）により，地方の国際コンテナ・ターミナル整備が進展した。日中貿易の拡大もあいまって，中国・韓国船社による地方港への直接寄港が増加した。それに伴って地方港のコンテナ取扱量が増加し，主要港の取扱量は相対的に低下した。地方港の数は，1990年の13港から2005年には53港に増加，そのシェアも2％から11.8％に増えた。

1990年代の日本経済の低迷もあり，中国や韓国などの近隣諸国のコンテナ港の取扱量が急増する中で，日本のコンテナ取扱量は微増に留まった。その結果，東アジアにおける日本の港湾の存在感が失われ，国際競争力を失うことが懸念されるようになった。

こうした事態を背景に，2002年交通政策審議会答申で「スーパー中枢港湾の育成」構想が出され，その後2004年7月，京浜港（東京港・横浜港），伊勢湾（名古屋港・四日市港），阪神港（大阪港・神戸港）がスーパー中枢港湾に指定された。これは，選択された中枢港湾への集中的投資によって国際競争力を回復しようとするものである。

2005年度以降，次世代高規格コンテナ・ターミナルの育成に向けた本格的な取り組みがスタートし，名古屋港では飛島埠頭南地区に新ターミナルが完成，水深16メートルの他，日本で初めてヤード作業の一部を自動化するなど新しい試みがなされている。大阪港（夢洲埠頭）においても水深16メートルのターミナル整備が着工された。横浜港（南本牧埠頭）においても同様に，水深

16メートル超のターミナル整備に取り組む方針が明らかにされている。スーパー中枢港湾プロジェクトによりいわゆる「選択」と「集中」へと大きく方針転換が図られた。

　大型化が進むコンテナ船に対応し，アジア主要国と遜色のないコスト・サービスの実現を目指すため，2009年スーパー中枢港湾による「選択」と「集中」を，より深化させることを目的に国際コンテナ戦略港湾の選定を行うことになった。

　2010年8月，「民」の視点の港湾運営，コスト低減策，国内貨物の集荷策などの具体性，計画性，実現性など今後の伸びしろを重視する選定基準により，国際コンテナ戦略港湾として阪神港及び京浜港が選定された。国際コンテナ戦略港湾においては，内航・トラック・鉄道によるフィーダー網の抜本的強化に向けた施策等を推進するとともに，その運営にあたっては，民間企業が出資する「港湾運営会社」を設立し，「民」の視点による戦略的な一体運営の実現等により公設民営化等を通じ，国際競争力の強化を図るとした。国際コンテナ戦略港湾に指定された，阪神港（大阪港，神戸港）及び京浜港（東京港，横浜港，川崎港）の埠頭公社はそれぞれ民営化された。国際コンテナ戦略港湾の目標は，次のとおりである。

① 2015年を目標に，国際コンテナ戦略港湾において，アジア主要港並みのサービスを実現させる。そのための具体的な指標として，アジア向けも含む日本全体の日本発着貨物の釜山港等東アジア主要港でのトランシップ率を現行の半分に縮減することを目指す。

② 2020年を目標として，アジア発着貨物の国際コンテナ戦略港湾におけるトランシップを促進し，東アジア主要港として選択される港湾を目指す。

　これらを法制面から整備するため，港湾法及び特定外貿埠頭の管理運営に関する法律の一部を改正する法律が2011年3月31日に成立・即日公布，同年12月15日に全面施行となった。国土交通省では，以下の関係法令や方針等を基に，港湾運営会社の指定・監督を適切に行っていくこととしている。

5－4　日本港湾の課題

　日本の港湾政策は全国津々浦々に港湾を整備するという量的な拡大から，「選択」と「集中」へと大きな転換を図り，質的な拡充を目指す方向へと進んでいる。こうした政策転換が日本の港湾の国際競争力強化に結びつくかどうかは，今後の進展を見るしかない。

　「選択」と「集中」という視点から日本の港湾を見た時に，まず「集中」の視点からみると，国際コンテナ戦略港湾に指定された京浜港と阪神港では，それぞれの港湾の埠頭公社が民営化された。しかしながら，民営化されても大きな変化が見られない。何のための民営化なのかが見えてこない。また，大阪港と神戸港の埠頭会社の一体化もスケジュールに上っているが，実現までの道のりは険しい。ここで，国際コンテナ戦略港湾に指定された港湾に集中的に投資するといっても，日本のコンテナ・ターミナルは縦割りであり，すべてのターミナルに投資されるわけではない。例えばあるターミナルを超大型コンテナ船の入港が可能な大水深化したとして，すべての船社が利用できるわけではないという現実がある。

　また，「集中」と言いながら，2011年5月には，国際バルク戦略港湾として，穀物については5者5港(鹿島港，志布志港，名古屋港，水島港，釧路港)，鉄鉱石については2者3港(木更津港，水島港・福山港)，石炭については2者3港(徳山下松港・宇部港，小名浜港)を選定している。また，同年，日本海側拠点港として19港が指定されている。

　さらに，「選択」からもれた港湾の側からみると，主として地方港の問題であるが，淘汰の時代の始まりを意味するが，実際には先述の通り，国際バルク戦略港湾や日本海側拠点港という名目で政府の支援は続いている。また，国際コンテナ戦略港湾の目標の1つは，釜山に流れているトランシップ貨物の阪神港への引き戻しである。そのために，内航フィーダー船へ支援を行っているが，その一方で地方港によっては韓国航路や同航路利用貨物への補助金制度を設けるなど，必ずしも国と地方行政の行動が一致していない。

　港湾の今後を考えるにあたっては，まず前提条件として現在の日本の港湾の相対的な地位の低下の背景には日本の産業構造の変化があるということを認識

しなければならない。これまで，日本の国内で製造し，海外に輸出していたメーカーの多くが海外で生産，生産地から日本を経ないで直接消費地に輸出するという形をとっているということである。つまり，日本発着貨物は今後とも大きく増えることはないということである。したがって，港湾についても日本ではハードよりも現有の施設を如何に効率的に使うかを優先するべきである。また，縮小する国内市場に拘らず，海外市場への展開も視野に入れるべきではないだろうか。民営化され動きやすくなった埠頭会社が音頭をとるという選択肢がある。

第14章　国際宅配便業界とインテグレーター

1　国際宅配便

　国際宅配便とは，クーリエ・サービス*（courier service）とスモール・パッケージ・サービス（small package service：SPS）を指す。国際航空宅配便ともいわれるクーリエ・サービスは，信書以外の書類及びそれに類する物品の複合一貫輸送であり，スモール・パッケージ・サービスは，少量・小型貨物の複合一環輸送である。対象になる物品は，設計図，パンフレット，カタログ，ギフト品，機械やコンピュータの部品などがある。もともとこれらのサービスは，米国内のサービスとして生まれたものが国際輸送に発展したものである。これが国際宅配便である。その特徴は，複合一貫輸送，つまりドア・ツー・ドア輸送である。

　国際宅配便は，1969年米国サンフランシスコで3人の弁護士が，米国西海岸とハワイの船積み書類の緊急輸送の需要に応えるために設立したのが最初といわれている。このときの3人の弁護士の名前，Dalsey，Hillblom，Lynnの頭文字をとって，DHL Expressと名付けられた。これが今日のDHLである。米国のカーター政権の下で，積極的に推進された運輸全般における規制緩和が国際宅配便の発展を後押した。1997年11月にCargo Reform Actが成立し，参入規制の撤廃など米国内航空貨物輸送事業の自由化が全面的に進められた。その結果，既存の航空フォワーダーが，新たに航空機を保有し，エアライン・キャリアを兼ねることが可能となった。また，国内のクーリエ・サービスやスモール・パッケージ・サービス事業者もエアライン・キャリア化し，これらのサービスが国際化した。こうして，国際宅配便は全世界に拡大していった。

　米国の航空自由化政策の下で，クーリエ，スモール・パッケージのサービスを目的に1970年頃から設立されたDHL，フェデックスなどの国際宅配事業者の他にトラックによる急便事業者が航空機を所有し，国際宅配便事業に進出し

第14章 国際宅配便業界とインテグレーター 163

(表14-1) 国際宅配便事業者の出身による分類

出 身 母 体	企 業 名
クーリエ，スモール・パッケージ取扱専業者	DHL，フェデックス
トラックによるエクスプレス便(急便)取扱業者	UPS
航空フォワーダー	エメリー，エアボーン
郵便事業	ドイツポスト，TNT

注：DHL・エアボーンはドイツポストに，TNTはオランダポスト，エメリーはフェデックスにそれぞれの傘下に入った。
出所：筆者作成。

た事業者がある。UPSがその代表例である。航空フォワーダーから国際宅配便事業への進出もある。また，ドイツポストやオランダポスト・TNTは，郵便事業からの進出である（表14-1）。2016年TNTはフェデックスにより買収され，同社の傘下に入った。

日本の国際宅配事業は，1957年に海外新聞普及（OCS）が外国への新聞配送を一手に扱う機関として設立されたのが最初である。外国企業では，DHLが，1972年に香港にDHL Internationalを創立し，同時に日本支社を設立し，日本での営業を始めている。その後，1979年，日本法人であるDHL Japanを設立した。エメリー，エアボーン，TNTなど多くの外国の国際宅配便事業者が日本市場に進出，また日本の物流業者や航空フォワーダーの多くがこの事業に参入した。現在，日本でサービスを提供している国際宅配便事業者は外資系企業を含めて約30社ある。

2 インテグレーター

2-1 インテグレーターの定義

インテグレーターとは，航空会社としてキャリアであると同時にフォワーダーの機能を併せ持つ事業者をいう。国際宅配便は，パッケージ運賃を設定したドア・ツー・ドアの一貫輸送サービスである。国際宅配便では，必ずしも航空機の保有を意味しない。インテグレーターは，自社で航空機を所有し，国際宅配便，フォワーディングや貨物代理店などすべての機能を持ち，自社で一貫複合輸送サービスを提供できる企業のことである。代表的なインテグレーターに

は，米国のUPSやフェデックス，ドイツポスト傘下のDHLが挙げられる。これらの企業は，航空輸送だけでなく3PLを含めたロジスティクスサービスの提供にも力を入れており，インテグレーターは言い換えれば，総合グローバル・ロジスティクス企業である。

2-2 インテグレーターの誕生

航空貨物は，荷送人(shipper)と荷受人(consignee)の間に航空会社(carrier)と航空会社の貨物代理店(cargo agent)が介在する構造であった。航空会社は空港から空港までの航空輸送のみを行い，通関や空港までの配送は貨物代理店というように分業体制になっていた。ここでは，航空会社の航空運送状(air waybill)が発行され輸送される。

その後，米国の航空貨物輸送分野にフォワーダーが進出した。航空会社の運賃は重量逓減方式といい，重量が増すごとに運賃単価が安くなるという仕組みになっている。フォワーダーは複数の荷送人に対して自社のフォワーダー運送状であるHouse Air Waybillを発行し，自らは航空会社に対して荷送人になる。これが混載輸送である。これをコンソリデーションあるいはコンソリデーティッドカーゴ(混載貨物)という。航空会社に支払う運賃と個々の荷送人から受け取る運賃の差額がフォワーダーの利益になる。

その後の米国における一連の規制緩和によりフォワーダーと航空会社の垣根が取り払われ，すでに航空機を保有していたエメリー，エアボーン，バーリントン，UPSやフェデックス等のフォワーダーは航空宅配便に進出した。こうしたフォワーダーのうち，ハブ・アンド・スポークシステムと呼ばれる輸送システムを武器に成長，拡大した2大宅配便事業者がフェデックスとUPSである。

ハブ・アンド・スポークシステムとは，拠点空港(ハブ)を中心に米国各地で集荷した貨物を一端ハブ空港に集め，仕分けして，翌朝各地に飛行機で配送するというシステムである。この拠点空港と地方空港を結んだネットワークを，自転車の車輪に見立てて，ハブ・アンド・スポークスと呼ぶ。UPSはケンタッキー州ルイビルにハブ空港を設置，フェデックスはテネシー州メンフィスにハブ空港を設け，米国宅配市場を席巻していった。これがインテグレーターであ

る。国際的なネットワークを構築し，集荷から配送などすべての地上業務と航空輸送のすべてを自社で行うのが，インテグレーターである。

　従来の航空貨物輸送では，荷送人から荷受人に貨物が渡るまでの作業は40工程あるが，航空会社であり，かつフォワーダーであるインテグレーターは，すべて自社で行うことで，この作業工程を10工程程度まで減らすことが可能となった。なにより大きいのは，コンピュータ・システムと情報の一元化が可能となったことである。このことが，現代の物流で求められる物流の全行程の透明性とトレーサビリティを可能にした。

2-3　インテグレーターと郵便

　インテグレーターの業務の多くは，郵便業務と重なる部分がある。そのため，インテグレーターと郵便事業者による融合が進んでいる。フェデックスは2001年に，アメリカ郵便（US Postal Service）と輸送契約を結び航空郵便の輸送を引き受けた。米国内すべての郵便局に，フェデックスのボックスを設置している。米国では，航空分野の規制緩和を契機にインテグレーターが誕生した。一方，欧州では，郵便事業の民営化を機に国際宅配便事業を買収する形でインテグレーターへと成長したのが，ドイツポストとオランダポストである。ドイツポストは民営化を機に米国の国際宅配便事業者のDHLを傘下に収め，オランダ郵便はオーストラリアのTNTを買収し，インテグレーターの一角を占めていたが2016年フェデックスに売却した。

3　航空貨物アライアンス

　世界最大の航空機メーカーのボーイング社は，国際航空貨物はGDPの伸び率よりも高い成長を見込んでいる。今後，年平均4.7％伸びると予測している。なかでも中国を中心に，アジア太平洋市場が，成長をリードすると見込んでいる。こうした航空貨物輸送需要の増加を背景に，同時期に航空機の機数は今後20年間で新造機が4万1,030機必要になると見通している（旅客，貨物の合計）。貨物輸送の分野ではインテグレーターの存在感が増している。

既存の航空会社も，こうした状況を黙って見ているわけではない。既存の航空会社による，航空貨物増大への対応と，インテグレーターに対抗するための新しい商品がタイム・デフィニット・サービス(time definite service：時間厳守サービス)である。さらに，航空会社は，タイム・デフィニット・サービスや国際小口貨物を共通化し，相互乗り入れと地上ハンドリングを共通化するなど，アライアンス戦略によって小口航空貨物の取り込みを図ろうとしている。

タイム・デフィニット・サービスとは，航空会社が貨物の指定便搭載の保障，出発締め切り時刻の延長・到着後の待ち時間の短縮，到着時刻の確約をするというものである。通常より高いタイム・デフィニット運賃が設定されているが，額面どおりのサービスが提供されなかった場合は，通常の運賃との差額が返却される仕組みである。しかしながら，インテグレーターによるサービスが，ドア・ツー・ドアの一貫輸送であるのに対して集荷，配送部門を持たない航空会社によるタイム・デフィニット・サービスはエアーポート・ツー・エアポートである。ここに，インテグレーターと大きな差があり，航空会社の限界があるともいえる。

タイム・デフィニット・サービスは，ルフトハンザカーゴが，td.-Flashという商品名で売り出したのが初めである。その後，航空各社が自社路線での同種のサービスを開始した。旅客分野と同様に貨物分野においてもアライアンスによって競争力を高めようとする動きが活発になっている。

2000年4月に，ルフトハンザ航空，シンガポール航空とスカンジナビア航空によってニュー・グローバル・カーゴという貨物アライアンスが発足し，翌年10月1日，WOWと名称が変更された。2002年に日本航空も加盟する。アライアンスには，商品開発，輸送品質の標準化，システム開発の共同化などが含まれている。5大陸，100カ国以上，500都市の世界にまたがるネットワークをアライアンスの強みとして顧客の獲得を図っている。

WOWに対抗するのが，スカイチーム・カーゴ・グループである。エールフランス，アリタリア航空，デルタ航空，大韓航空，アエロ・メヒコにKLMオランダ航空，ノースウエスト航空のグループがこれに加わった。その他の航空会社は部分的な共同運航やコード・シェアリングを個別に結んでいるが，旅客

(表14-2) 貨物分野のアライアンス

アライアンス名	加盟航空会社	参 考
WOW	ルフトハンザカーゴ シンガポール航空カーゴ スカンジナビア航空カーゴ 日本航空	2000年「New Global Cargo」から「WOW」に名称変更。日本航空は2002年参加。商品開発，輸送品質の標準化，システム開発の共同化
スカイチーム・カーゴ・グループ	エールフランス アリタリア航空 デルタ航空 大韓航空 アエロ・メヒコ CSA	KLMオランダ航空・ノースウエスト航空連合加盟
その他		航空会社毎に部分的な共同運航やコード・シェアリング

出所：筆者作成。

同様にアライアンスによるグループ化の動きが，活発化すると見込まれる。単独でインテグレーターやWOW，スカイ・チーム・カーゴ・グループなどのアライアンスと対抗できるネットワークを世界中に構築することは無理だからだ。ちなみに，インテグレーターの代表である，フェデックスは1社で1日当たり310万個の貨物を扱い，世界220カ国のネットワークを持っている。

4　世界の主要インテグレーター

4－1　フェデックス

フェデックス（FedEx）は，通関手続きを含めて航空機を使ったドア・ツー・ドアのサービスという，まったく新しい概念を航空貨物輸送の分野に導入した世界最大の総合航空貨物輸送会社であり，世界220カ国へ24～48時間以内に通関を済ませ，ドア・ツー・ドアで貨物や書類を配送する。1日に配送する貨物は1,000万個を超える。

グループ全体の売上高は，2012年現在，42,700百万ドル（4兆2,700億円），

営業利益は3,200百万ドル(3,200億円),従業員は300,000人に及び,660機の航空機と90,000台の自社配送車で,世界220カ国へ配送する。世界の375の空港にネットワークを持つ。貨物持込場所は,世界中で45,150カ所におよぶ。本社を米国テネシー州メンフィスに置き,地域統括本部を香港(アジア),トロント(カナダ),ブラッセル(欧州),マイアミ(中南米)に置いている。アジアでは,香港のアジア・太平洋地区統括本部に加え,香港・東京・シンガポールに地域本部を設置し,1995年9月以降,フィリピンのスービックベイをアジア・太平洋のハブとして,アジア18都市への翌日配送をしている。なお,ハブ空港をフィリピンから中国の広州に移すことを決めた。

フェデックスは,Frederick W. Smithによって設立され(Little Rock, Ark.),1973年4月17日,メンフィス空港を拠点に14機の小型機で航空機による貨物の宅配事業を開始した。初日には186個の貨物を米国25都市に配送した。航空機による貨物宅配事業のアイデアは,Smithがまだエール大学の学生だった1965年に,学期末レポートに書いている。彼は,1970年代の米国の航空分野の規制緩和推進にも積極的に関与し,規制緩和を追い風として急速に事業を拡大していった。営業を始めた10年後の1983年には,早くも100億ドルの売上を計上した。

4-2 UPS

UPSは,運航航空機533機(自社所有機233,備機300),727の空港(米国内381,海外346)に1,931便/日(米国内949便,国際便982便)を運航している。自社所有機の規模は,航空機会社としても世界で大手の1つに数えられる。220カ国に拠点を持ち,1日に1,630万個の書類や貨物を配送している。従業員は,39.1万人(米国内32.2万人,国外7.5万人)。配送車両は,96,000台を保有している。

2012年の売上高は,541億ドル(5兆4,100億円)である。UPSの歴史は,1907年,James E. Casyが19歳の時,友達から借りた100ドルを元に"American Messenger Company"を設立,メッセンジャー,デリバリーサービスを開始したときに始まった。1919年UPS(United Parcel Service)に変更,1988年,米航

空局(FAA)より自社による航空機の運航が認められた。1989年UPS・ヤマト・エクスプレス設立，日本進出を果たした。その後，2004年にUPS・ヤマト・エクスプレスのヤマト運輸の持分49％すべてをUPSが買い取り，完全子会社化し，4月1日UPSジャパンに社名変更。同年12月，メンロワールドワイドのフォワーディング部門を買収。米国ケンタッキー州ルイビル空港にグローバルハブを持つ。アジアのハブは香港，上海，深圳にある。UPSの近年の特徴は，航空機による国際宅配事業だけでなく，海上輸送を含めた一般貨物輸送にも力を入れており，総合物流事業者を目指す動きである。

4−3 ドイツポスト・DHL

　ドイツポストは，世界を代表する物流企業である。その歴史は，15世紀末まで遡る。1490年，フランツ・ボン・タクシスが近代的な郵便制度を創設した時に始まる。16世紀までにはタクシス家が郵便配送網を構築した。その後国営ドイツ郵便として郵便事業を営んできた，1989年第1次郵便制度改革で公社となり，1995年第2次郵便制度改革により民営化，Deutsche Post AGが誕生した。2000年には，フランクフルト市場に上場を果たした。ドイツポストの事業拡大は，買収によるものである。1998年のDHLの株式25％買収にはじまり，同年グローバルメール(米国)，1999年ダンザス(スイス)，エア・エクスプレス・インターナショナル(米国)，2002年にはDHL全株を取得，続いてエアボーン(米国)，シノトランス(中国)の株を5％取得など，次々に企業買収により事業を拡大してきた。2005年，英国の世界的物流会社であるエクセルを約55億ユーロで買収した。その間，1999年にはポストバンクの全株式を取得し子会社とし郵便，物流だけでなく金融部門も確立した(表14-3)。

　2012年の従業員数は，世界220カ国の475,000人であり，売上高は555億ユーロ(6兆6,600億円)である。DHLブランドの元に，DHLが国際宅配・貨物，フォワーディングを，DHL Danzas Air & OceanとDHL SolutionがSCM，3PLなどいわゆるロジスティクスを担っている。ドイツポストのインテグレーターとしての役割を担っているDHLについて見ると，その従業員は100,000人。サービスは220カ国500以上の空港とのネットワークを有し，31,000台の車両

(表14-3) ドイツポストの主要買収企業一覧

年	買収企業	国籍	業種
1996	DHL International（株式25％取得）	ベルギー	フォワーダー
1998	Ducros	フランス	宅配
	Global Mail	米国	国際郵便配送
1999	MIT	イタリア	宅配
	Danzas	スイス	フォワーダー
	ASG	スウェーデン	フォワーダー
	ITG International	ドイツ	ロジスティクス
	Yellow Stone	米国	出版配送
	Nedlloyd ETD	オランダ	フォワーダー
	Gutpuroocrd	スペイン	宅配
	Air Express International（AEI）	米国	フォワーダー
2000	Herald International Mailing Ltd.	英国	国際郵便配送
2002	DHL International（完全子会社化）	ベルギー	フォワーダー
2003	Sinotrans International	中国	フォワーダー
	Airborne International	米国	宅配
2005	EXEL	英国	ロジスティクス

出所：ドイツポストHP〈http://www.deutschepost.de, http://www.dpwn.de〉のデータを基に筆者作成。

と250機の航空機を保有している。1日の取り扱い個数は128万個，年間4億6,800万個になる。DHL部門の売り上げは118億ユーロ（1兆4,160億円）であり，ドイツポスト全体の4分の1を占める。

4-4　オランダポスト・TNT

　TNTは，Ken Thomasがオーストラリアで，1946年にトラック1台で始めた"Thomas Nationwide Transport"がその始まりである。1961年には，シドニー証券市場に上場を果たした。KPN（Royal PTT Nederland NVオランダ郵便，1989年民営化）に1996年に買収され，TPG／TNTグループとなった。1995年からTPG／TNTグループとして活動してきたが，2005年からTNT単一ブランドで世界中の認識を高める戦略を取っている。

　TNTグループ全体の従業員は200カ国の6.8万人。2012年度のグループの売

上高は，73億ユーロ(約8,760億円)である。保有する車両は3万台，航空機は51機である。

TPG/TNTグループには，国際宅配事業(エクスプレス)を担うTNT Expressとロジスティクスを担うTNT Logisticsの2つの部門があったが，TNTは，2006年にロジスティクス事業から撤退，ロジスティクス部門を売却した。2006年8月には，ロジスティクス部門を米国の投資会社アポロマネジメント社に14.8億ユーロで売却，TNT Logisticsは，同年12月にCEVA Logisticsに社名を変更した。また，同年11月にはフレイトマネジメント部門も，フランスの大手物流企業のGEODISに売却した。この売却額は4.6億ユーロ。TNTの中では，ロジスティクス部門の収益率が悪く，不採算部門と位置づけ，郵便とエクスプレス事業に集中するという戦略転換を行った(表14-4)。しかし，2016年にエキスプレス部門もフェデックスに売却され，オランダポストは国際宅配事業から完全に撤退することになった。

フェデックスもどちらかというと，エクスプレス，国際宅配に集中した戦略と見られる。一方，ドイツポストとUPSは3PL事業を含めてロジスティクス

(表14-4) TNTの主要企業買収と売却の推移

買　収	年	業　種	国	買収金額他
TNT	1996	エクスプレス	オーストラリア	16億ドル
Jet Service	1998	エクスプレス	フランス	3億ユーロ
Tecnologistica	1999	ロジスティクス	イタリア	7,300万ユーロ
CTI Logistx	2000	ロジスティクス	米　国	6.5億ユーロ
Wilson Logistics	2004	フォワーディング	スウェーデン	2.57億ユーロ
TG＋	2005	エクスプレス	スペイン	収入1億ユーロ
Speedage(ARC)	2006	エクスプレス	インド	売上1,700万ユーロ
Hoau Group	2006	トラック輸送	中　国	折衝中

売　却	年	売却先	国	売却金額
TNT Logistics	2006	Apollo Management (投資会社)	米　国	14.8億ユーロ
TNTフレイトマネジメント	2006	Geodis (ロジスティクス)	フランス	4.6億ユーロ

出所：平田〔2007〕55頁。

(表14-5) 主要インテグレーターの概要(2012年)

	FedEX	UPS	DPWN
売上高	427億ドル	541億ドル	446億ドル
従業員数	30万人	40万人	47万人
航空機数	660機	533機	250機
トラック数	90,000台	101,000台	31,000台（DHLのみ）
郵便	FedEx Small Post	—	Mail
小口貨物	FedEx ExpOress	Package	DHL
ロジスティクス事業	FedEx Supply Chain Services	Supply Chain and Freight	DHL Global Forwarding DHL Exel Supply Chain

出所：各社の「アニュアル・レポート」より作成。

事業を重要な部門と位置づけ，積極的に拡大する姿勢を見せており，4大インテグレーターの戦略の違い明確に出てきている(表14-5)。

5 日本版インテグレーターへの挑戦

　航空貨物輸送需要の増大を背景に，日本においても航空会社を中心に物流業界全体を巻き込んだ合従連衡の波が押し寄せている。

　インテグレーターとしては，フェデックス，UPS，ドイツポストの欧米の3強が圧倒的なシェアを占めている。こうした中で，日本でも和製インテグレーターを目指した動きがある。全日空＋ジャパンポスト（日本郵政公社）グループ，および日本郵船の2つの企業・グループの動向が注目される。日本郵船は全日空と海運会社によって設立された貨物専門の航空会社NCA（日本貨物航空）を完全子会社化した。NCAは積極的に，航空機の増加を図っている。日本郵船は，本業の海運に加え航空会社を傘下に納めた。海外では配送のためにトラック会社の買収も着々と進めており，国内では，ヤマト運輸と提携を発表し

た。こうして，陸海空の輸送のハード・ソフトを含むすべての物流サービスが提供できる体制の構築に向けて進んでいる。

　一方，NCAから撤退した全日空は，民営化が決まり，国際航空貨物を含めた物流事業を強化したいというジャパンポストと国際物流分野を含む戦略的提携を結び，貨物航空会社ANA＆JPエクスプレスを設立した。これは，全日空51.7％，ジャパンポスト33.3％の他に，商船三井5％や日本通運10％が参加している。全日空所有の中型機3機に新規の3機を加え，合計6機で中国方面中心に運航を開始した。全日空とジャパンポストが一体となって，日本を含むアジアをはじめとして，「世界規模の国際インテグレーター(総合物流事業者)」を目指すと宣言している。ジャパンポストの立場からは，ドイツポストを目標に国際物流分野の強化のための最初のステップということがいえる。全日空は沖縄をハブとしてアジアを中心に事業の拡大を図っている。

　佐川急便がギャラクシーエアラインズを設立し，国内航空貨物輸送に乗り出した。これには日本航空が出資，協力している。しかし，この事業はうまくゆかず，わずか2年でとり止めとなった。日本航空は，航空貨物アライアンスであるWOWに加盟，フォワーダーとの連携強化など航空貨物分野にも力を入れているが，従来型の航空貨物輸送の枠の中でのことであり，インテグレーターを目指すというものではない。

　現在，世界の3大インテグレーターは，国際宅配事業において全世界で圧倒的なシェアを持っており，この3社に匹敵する事業者が誕生するのはまだまだ先のことになりそうだ。

第15章 3PL業界

1 3PLの市場規模

　3PL(third party logistics)は，日本では1990年代後半から注目されるようになり徐々に認知度が高まってきた。3PLという言葉は物流業界で広く使われるようになったが，まだ，その統一的な定義というもがないのが実情である。したがって事業者の3PLへの取り組み内容もまちまちである。企業の物流アウトソーシングのニーズの高まりから3PL市場というものがあるといえるが，日本の3PL市場の規模は正確には把握されていないが，2015年でおよそ2兆4,811億円程度と推定される(LOGI BIZ調べ)。

　3PLの生まれた米国では，3PLを行う部門が日本に比べある程度分かれており，3PL事業の売り上げが把握しやすく，3PLに関する調査研究も継続的に実施されている。米国の3PL市場は，およそ16兆円(売上ベース)である。これは1990年代後半以降から見ると，毎年2桁の伸び率である。米国の物流市場が，約145兆円であるから物流市場全体に占める3PL市場は11％強となり，日本の3PL市場は米国に比べまだまだ小さいといえる。

　国土交通省も3PL人材育成を補助をするなど，3PL事業の拡大に力を入れていることや，産業界におけるアウトソーシングの一般化，あるいは物流がますます高度化，複雑化している状況などを考慮すると，3PL事業は今後ますます拡大すると見込まれる。ただ，その定義が曖昧であることを考えると，3PL事業は，まだまだ玉石混交の状況と考えられる。

2 3PL事業者

2-1 3PL事業者

　3PL事業者は，自らトラックや倉庫など物流資産を保有する事業者と，物流

(表15-1) 日米欧の3PL事業者の例

区 分	欧 州	米 国	日 本
トラック	ASG(スウェーデン)		日本通運
			ヤマト運輸
			第一貨物
			佐川急便
			西濃運輸
倉 庫	ティビット&ブリテン		富士ロジテック
郵 便	ドイツポスト・ロジスティクス		
	オランダポスト		
航 空	UPSロジスティクス&サービス		
	フェデックス・サービス		
船 舶	ネドロイドフローマスター (オランダ)	APL ロジスティクス	商船三井
			日本郵船
コンサルタント システムインテグレーター		アクセンチュア	ヤマトシステム開発
物流子会社		キャット・ ロジスティクス	NECジスティクス
			日立物流
			住電装ロジネット
			キューソー流通システム
			花王システム物流
			ソニーロジスティクス
フォワーダー	クーネ&ナーゲル(ドイツ)	フリット	近鉄エクスプレス
	シェンカー(ドイツ)	AEI	郵船航空サービス
	ダンザス(スイス)		
卸売業者		CHロビンソン	パルタック
			雪印アクセス
商 社		カリバー ロジスティクス	三井物産
			住友商事
			伊藤忠商事

出所:筆者作成。

資産を一切保有しない事業者がある。前者をアセット型*，後者をノンアセット型*と呼ぶ。ノンアセット型の事業者は，実際の輸送や保管は倉庫業者や輸送業者を下請けとして使うことで，3PLサービスを提供する。アクセンチュアなどはその代表例であり，こうしたコンサルティング会社の3PL事業への進

出が目立っている。一方，アセット型の中にもトラック業界や倉庫はいうに及ばず，海運会社や，近年はUPSやドイツポスト等のインテグレーターも3PL事業へ進出している。アセット型3PLの場合，必ずしもすべて自らの保有する資産でサービスを提供できるわけではない。また，自らの資産を持っていても，荷主の立場に立った他のサービスを使うケースもある。

コンテナ輸送を行う海運企業も，3PL事業に取り組んでいるが，本来コンテナ輸送は，コモンキャリア（複数の荷主から貨物を集め転送する定期船を運航する海運企業）として不特定多数が顧客である。一方，3PLは本来特定の顧客のための特別のサービスであるため，両立は困難である。そこで，一般的には，物流部門は別法人で事業を行うのが一般的である。

2-2 3PL事業者に必要とされる能力

3PLとは，一言でいえば包括的アウトソーシングである。物流事業者の立場からいうと，物流業務の一括請負であり，荷主の物流業務全般を代行することを意味する。その業務範囲は，第Ⅰ部総論編で述べた通り，物流におけるシステム設計からコストコントロールまで含まれる。こうした業務を実行するためには，従来の下請け的な日常業務を遂行するだけでは不十分である。高度な物流知識に加えて，荷主に対する知識も重要である。さらに，物流効率化，コスト削減をはじめ顧客満足を実現するため企画・提案をし，それを実行する能力が3PL事業者には不可欠である。

3PL事業者には，要約すると，下記のような能力が求められる。

① 高度な物流専門知識と高いサービス能力
② 荷主ニーズの理解とよりよい提案能力
③ 情報システム（IT）能力
④ フルサービス能力(国際複合一貫輸送など)
⑤ 分析・コンサルティング能力

そのためには，何より優秀な人材が必要である。3PL事業を標榜する物流業者は多いが，十分な人材を擁し，企業として上記のような能力を持つ企業はまだまだ多くない。高度で専門的な物流知識を身につけた人材の教育・供給体制

も必ずしも，十分ではない。大学教育も含めて，物流教育の充実が必要である。

3　3PLのメリットとデメリット

3PL事業のメリット・デメリットは，サービスを提供する立場の物流事業者と，サービスを享受する荷主の立場の両方から捉える必要がある。まず，荷主の立場からは，本業への資源を集中することができることが挙げられる。物流は，ますます高度化・複雑化する。そうした物流人材を養成することは，時間と費用の面から難しくなる。また，コスト削減効果や物流費用を固定費から変動費に代ることができるなどのメリットがある。その反面，内部に物流の専門化がいなくなることで，物流のブラックボックス化によりコントロールできる人材がいなくなることや，情報の漏洩リスクなどのデメリットも存在する。

サプライヤーである物流事業者にとってのメリットは，事業の多角化効果が

（表15-2）　3PL事業のメリット・デメリット

	荷　主	物流業者
メリット	①本業への経営資源として（人・物・金）の集中	①事業の多角化　物流業務の専門性の向上
	②Total物流コストの削減	②荷主とのより強固な信頼関係の構築
	③固定費の変動費化	③新規荷主開拓が図れる
	④物流業務のスピード化　→顧客サービスの向上	④3PLをツールとした，物流業務におけるハード・ソフト・ノウハウの蓄積
	⑤物流コストの明確化	⑤契約による経営の安定が図れる
	⑥物流拠点の柔軟性	
デメリット	①物流業務のBlack Box化	①先行投資（受注までに時間と費用がかかる）
	②社内に物流技術が残らない　→物流専門家がいなくなる　→専門性の喪失	②多くの専門家スタッフを抱える必要性
		③契約不履行の恐れがある
	③物流情報の漏洩の恐れ	④契約が長期にわたる為，
	④物流コントロールができない恐れ	⑤投資回収ができないリスクがある
		⑥無理な要求（改善・コスト削減）の恐れ

出所：筆者作成。

ある。より高度のサービスを提供することで，新規顧客の獲得のツールとして有効である。また，3PLは，基本的に長期契約になるため，経営の安定化を図ることができる。一方，デメリットは，ソフト・ハード面での先行投資が必要となることであり，そして契約不履行の場合，投資が回収できないというリスクを抱える。また，高度な物流サービスの提案をするために，優秀な人材の確保が必要となる。このため，中小物流事業者には，単独での3PL事業参入は難しいといえる。

4 3PL事業者の物流受託時の留意点

　米国では，契約に「物流コストの20％削減」などの具体的な数値が織り込まれるのが一般的である。また，実際削減されたコストに対する利益の配分についても事前に取り決められている。しかし，3PL事業者による物流業務の請負契約において訴訟になっているケースが30〜40％あるといわれている。これは結果に対する評価が難しいからである。契約社会の米国でさえこういう状況である。すべてが曖昧な日本においては特に，事前にできるだけ明らかにしておくことが大切である。実際に，業務を始めたら，予想しなかった業務がたくさん出てきたということは珍しくなく，物流業者は見込んでいた利益が出なくて結局撤退せざるを得ないといったケースが多い。

　そこで，3PLを事業展開するにあたって，下記の点につき事前に明確にしておくことが大切である。

(1)　引き受け業務とその範囲を明確にする。
(2)　目標を明確にする。
(3)　成果に対する評価方法・評価基準を明確にする。
(4)　契約書を作成，下記の事項を契約に織り込む。
　　①　利益配分の方式を決定する
　　②　リスク分担
　　③　ペナルティ条項
　　④　契約期間

⑤ 損害賠償責任の限界の明確化
⑥ 契約不履行時の対処の仕方
(5) 情報を公開する。
(6) 相互信頼(パートナーシップ)を確立する。
(7) 質の高い物流サービスを提供する。提供できるサービスをレベルアップする。
(9) 荷主企業の経営が安定しているかを見極める。
(10) 荷主企業の価値観，企業哲学・文化を受け入れられるかを検討する。

5　日本の3PL事業

5－1　日本における3PL事業の阻害要因

　欧米における3PLが規制緩和を契機に発展したのとは異なり，日本の場合，1990年代のバブル崩壊による企業業績の悪化が，3PL事業者を起用するきっかけとなった。つまり物流アウトソーシングが，大きな流れになったことは間違いないが，まだまだ3PLの市場規模としては，欧米に比べ小さい。
　以下に，その理由を挙げる。
① 物流を，経営フローの中でを捉えていなかった。単なる機能として捉え，ロジスティクス(マネジメント概念)として捉える考え方がなかったことが挙げられる。
② 1990年代までの好景気による余裕から，物流コストについて見直す必要がなかった。したがって，バブルが崩壊して，経営面で余裕がなくなったことで3PL事業者の起用が始まった。
③ 業者数が多いため，「輸送」のみを安易に外注できた。輸送に限らず，倉庫も含めた物流事業者の数が多く，安価なコストで品質の高いサービスがいつでも得られたことによる。
④ 情報開示が進んでいない。3PL事業者が，顧客に代わって物流改善をするためには，コストを含めた顧客企業の情報を把握する必要がある。しかしながら，顧客企業にとっては，企業秘密にあたる数字をなかなか開示し

ない。米国は契約社会であることから，一旦契約すると契約に則ってすべての情報を開示することをためらわないといった企業体質の差が，影響している面がある。

⑤ 海外諸国においては，物流子会社は極めて例外的であり，日本特有のものである。日本では多くの製造業や流通業が物流子会社を保有しており，外部への委託が難しい。また，一方で物流子会社が3PL事業者としての役割を果たしているという見方もできる。

5-2 日本型3PLにおける物流子会社の存在

日本において，物流アウトソーシングあるいは3PL事業を考える場合，物流子会社の存在を抜きには語ることができない。物流子会社とは，「荷主が親会社であり，親会社自身が自ら所有する貨物があり，その貨物にかかわる物流を預託される会社」と定義付ける。ここで，荷主は製造業者・流通業者を指す。

物流子会社が日本の3PLの発展を妨げているという考え方がある。しかし，3PL市場の特徴は，3PL事業者の提案能力によってその規模が決まることである。したがって，よりよい物流改善提案を行うことができれば物流子会社の存在は阻害要因にはならない。豊富な業界知識・人材・資産を持つ物流子会社が3PL事業者となり3PL市場へ参入することも可能である。こうした，物流子会社の3PL市場への新規参入は既存の3PL事業者にとって，脅威であるには違いない。3PLによる物流改善提案には，物流の専門知識に加えて，当該顧客の業界や商品に対する知識が必須である。この点において物流子会社は，有利な立場にあるのは間違いない。例えば，三洋電機ロジスティクスは親会社の電機製品の物流で培ったノウハウを持って，今や家電量販店向け物流のナンバーワンの地位を築いている（2012年4月，三井倉庫株式会社の完全子会社となり，三井倉庫ロジスティクス株式会社に社名が変更された）。日立物流やアルプス物流など，日本の3PL事業者の代表の多くが物流子会社であった。このことからも，競争促進の観点からは，物流子会社は3PL業界の活性化に役立っているといえる。

物流子会社は，2つに分類できる。1つは，先の日立物流やアルプス物流の

(図15-1) 物流子会社と親会社の関係

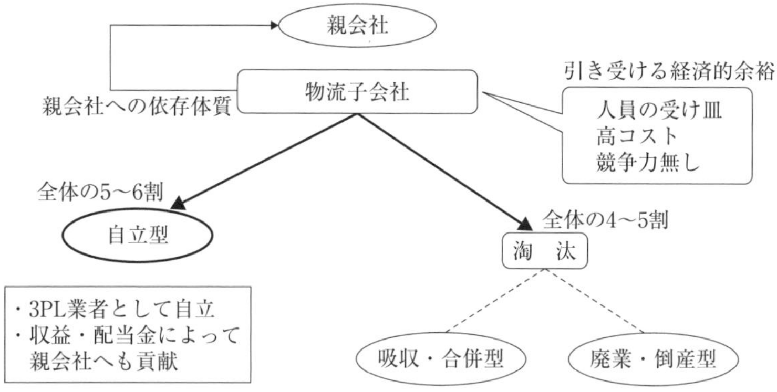

```
                    親会社
                      ↑
親会社への依存体質   物流子会社 ─── 引き受ける経済的余裕
                   ↙        ↘    ┌──────────┐
          全体の5～6割   全体の4～5割│ 人員の受け皿 │
             ↓              ↓    │ 高コスト    │
           自立型          淘 汰   │ 競争力無し  │
                          ↙    ↘ └──────────┘
  ┌──────────────┐      吸収・合併型  廃業・倒産型
  │・3PL業者として自立│
  │・収益・配当金によって│
  │ 親会社へも貢献   │
  └──────────────┘
```

出所：筆者作成。

ように，親会社の貨物に依存しない体制を構築した企業である。日立物流の場合，日立グループから請け負う業務は30％以下である。もう1つは，あくまで親会社の物流業務に専念することを命題とした企業である。前者は，一般の物流事業者として競争力をつけているが，後者の場合，親会社に依存するためかえって高コストとなっていることが多い。また，親会社の人材の受け皿などコストで計算できない面も多い。しかしながら，グローバル競争の中であらゆる業界がコスト削減を強いられており，親会社に余裕がなくなってくれば，物流子会社に対しても競争力のあるサービスを求めてくる。そうした中で，物流子会社は自立する道を選ぶか，あるいは，親会社に対して高度の競争力ある物流サービスを提供できなければ，淘汰されることは免れない。外資系企業や，その業界の物流ノウハウの欲しい企業による買収が今後多くなることが予想される。

5－3　日本型3PLの今後の発展

3PLは，物流アウトソーシングの受け皿として重要な業態ではあるが，その拡大は徐々にであり，広まるまでに時間がかかる。先にも述べた通り，3PL事業にとって一番重要なことは提案能力であり，そのための人材がどれだけいるかが重要である。人材が，ボトルネックとなる可能性を否定できない。また，

(図15-2) 3PL業界の今後の予想される展開

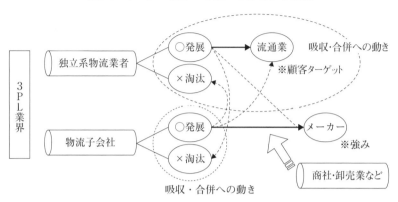

出所：筆者作成。

3PL市場が成熟した後も，従来の形での物流子会社は残るであろう。あくまで，物流ノウハウを企業グループ内に取り込んでおこうとする企業はある。また，豊富な商品知識や業界知識を持つことの優位性は重要である。

今後は，独立系物流業者の3PL事業へのより一層の参入が予測される。しかし，サービスを提供する側の問題として，人材育成・専門知識の習得に時間がかかること，荷主側の情報がオープンにならないことから，荷主と3PL事業者の共同出資による特定顧客特化型の3PL会社の設立という形態が出てくる可能性もある。

物流アウトソーシングの流れは変わらない。そしてその受け皿としての3PL事業は重要性を増すが，外資系物流業者と国内のすべての物流業界（トラック，鉄道，海運，航空，倉庫など）からの参入の可能性があり，競争は激化する。しかし，競争の中で，より高度な物流サービスが出てくることで，3PL市場は活性化，拡大が見込まれる。

付録　物流用語集

〈和　語〉 50音順配列

アウトソーシング（outsourcing）
：コア業務への経営資源の集中・専門性の確保・コストの削減などを目的として，業務の設計から運営までの一切を外部化することである。従来は，コンピュータ関連業務の外部委託が多かったが，最近では対象業務が拡大している。

アセット型・ノンアセット型（asset型・non-asset型）
：アセット型は，業者自身が資産（施設・車両・情報システムなど）を保有・運用し，業務を行う業態である。一方，ノンアセット型は，業者自身は資産を持たずノウハウを持って他の業者の資産を利用しながら業務を行う業態である。日本ではアセット型の物流業者が多い。

安全在庫
：品切れを起こさないための最小限の在庫。平均的な需要量のみを考慮して在庫水準を設定すれば品切れが起こる。適切な在庫水準を設定するためには，需要量の変動を見込んで将来の需要量に見合う水準で在庫を持つ必要がある。

オリコン（折りたたみコンテナ）
：主要部分が，簡単に折り畳むことができる小型のコンテナです。使用しないときは折りたたんでコンパクトにできるため，戻りの輸送時に容積が小さくなり，運びやすくなる。また単に箱を保管することにも保管場所が少なくて済む。

貨物追跡システム
：運送業者が受託貨物の発から着まで中継地点を含めて現時点のデータをホストコンピュータに入力することによって，貨物の移動状況を把握するシステムである。

カンバン方式
：トヨタ自動車が生産工程に導入した在庫削減の手法である。生産工程において「後工程が前工程に対して部品を発注する」方式で，無駄な在庫を持たないようにする手法である。後工程が前工程に対して必要な部品を指示する板を「かんばん」と呼び，この生産方式を「かんばん方式」と呼ぶようになった。

求荷求車情報システム

：帰り荷の確保（片荷解消），積載率向上，効率的な配車・運行・荷待ちの解消を目的にトラックと荷主を条件が合えばリアルタイムでマッチングさせることができる情報システム。

共同配送

：商物分離が前提であるが，他社と商品を共同化することで配送方法を改善する。限定された区域や地域を対象に，配送業者が配送センターで複数のメーカーの荷を集め配送すること。流通システムの合理化だけでなく環境面でも期待されている。

クーリエ・サービス (courier service)

：国際間において小型の少量物品を戸口から戸口まで迅速に輸送するサービスをいう。取扱品目は郵便法で禁止されているものを除く業務用書類，設計図，商品目録など書類全般や磁気テープ，フロッピーディスクなどの記録資料が主である。国際宅配便ともいう。

グリーン・ロジスティクス (green logistics)

：モノの流れの最適化を求めるだけでなく，原材料の調達から生産，流通，使用又は消費，回収，再資源化までのすべてにおいて発生する環境負荷の最小化を目指すロジスティクス活動をいう。

クロスドッキング (cross docking)

：工場と小売の間の中継拠点において，到着した商品を在庫することなく，方面別に仕分け，トラックに積み替えて配送する仕組みのこと。日本では小売業のセンターが多く採用してきた方式で，こうした拠点を通過型センター (TC：Transfer Center) と呼んでいる。

ゲイン・シェアリング

：3PL（サードパーティーロジスティクス）などが物流委託を受けて業務を行う際の成果報酬のこと。一般的に3PLが物流業務を受託する際は，事前に一定期間におけるコスト削減額や削減率を約束することが多い。この削減額や率を超えて目標を達成した場合，超えた部分について荷主，3PL双方で一定の割合で分かち合う（シェアリング）ことを指す。

国際複合一貫輸送

：2つ以上の種類の異なる輸送機関により相次いで行われる国際輸送である。単一の輸送契約のもとで，海陸運それぞれの輸送手段を組み合わせ，最終到着地まで一貫して行う貨物輸送サービスである。

コストセンター(costs center)
：企業内の部門で，原価部門として捉えること。経費は発生するが，販売機能がないために，利益を生み出さない。そのため，原価に対する責任が課され，利益ではなく原価がセンターの指標となる。プロフィットセンターと対比して考えることができる。

コンソーシアム(consortium)
：一般には組合や企業連合を意味するが，コンテナ船の運航のため組織された海運会社の協調配船体制のこともコンソーシアムと呼ぶ。コンテナ輸送には，コンテナ・コンテナ船・ターミナルなどの設備などに巨額の投資が必要であるため，各船会社が協調配船体制をとるように推進される。

コンテナ(container)
：ユニットロードで標準化された形態で輸送を行う容器の総称である。材質は，鉄製・アルミ製・鉄枠合板製・FRP(繊維強化プラスチック)等がある。

コンテナ船(container ship)
：コンテナ詰め貨物を輸送する船。荷役方式から分類すると，ハッチを通してコンテナを上下に積降しするリフトオン・リフトオフ(lift-on lift-off)船と，フォークリフトまたはトレーラによりコンテナを水平に積降しするロールオン・ロールオフ(roll-on roll-off)船がある。

サードパーティロジスティクス(3PL：third party logistics)
：荷主に対して，物流改革を提案し，包括して物流業務を受託するサービス，あるいはそのサービスを提供する物流専門業者である。3PL業者は，荷主に対して在庫管理・輸配送などの計画やシステム構築を含む物流全般のノウハウを条件とする。

在　庫(inventory, stock)
：保管または輸送中の商品，半製品，原材料のこと。その種類には，生産から販売までの流通段階における流通在庫，工場での生産在庫，備蓄のための在庫などがある。

先入れ先出し(First In First Out：FIFO)
：同一商品は先に入庫した順に出庫させなければならないという在庫管理の原則。特に鮮度管理の厳しい食料品などで求められる。

自動車NOx, PM法
：自動車から排出される窒素酸化物(NOx)及び粒子状物質(PM)を削減するために，自動車交通の集中している地域において，一定基準以上の排出量の自動車を使用できないようにするとともに，一定規模以上の事業者は自動車使用管

理計画を作成，都道府県知事への提出義務を負う。

シーアンドエア (sea and air)
：国際複合一貫輸送における船舶と航空機の連携輸送をいう。発地から中継地まで海上輸送し，中継地で貨物の積み替え及び仕分けをして，その後着地まで空輸する。海上輸送の低コストと航空輸送の迅速性を取り入れた連携輸送である。

シーアンドレール (sea and rail)
：国際複合一貫輸送における船舶と鉄道の連携輸送をいう。一般に海上コンテナ船で輸送した後，陸では鉄道を利用し輸送する。その陸の経路をランドブリッジ (land bridge) という。

シックス・シグマ (six sigma)
：製品の生産性を改善するために仕事の完璧度を sigma という物差しで表現したものである。完璧度は1から6の単位で，最も完璧とする6Sigmaは製品100万個の中で欠陥品が3，4個の場合である。現在は，生産部門だけではなくいろいろな分野で six sigma を満たすように求められている。

制約理論 (Theory of Constraints：TOC)
：SCMを最適化する手法。工程のボトルネックに注目し，スループットを最大化するための考え方。

省エネ法
：エネルギーの使用の合理化に関する法律の略称。石油，可燃性天然ガス，石炭などの燃料とそれらを熱源とする電気の使用量について，工場・事業所，建築物，機械器具に具体的な基準を設けて，省エネルギーを推進する。

商物分離
：物流合理化の視点から商流経路と物流経路を分離すること。従来は，商流と物流が同一の経路で行われることが多かったが，ロット化された貨物を最短の経路で輸送することが有利な物流と，複雑な商流を分離することで物流の合理化を進める。

消費物流・消費者物流
：商品が，流通センターから小売店など消費者の手に届くまでの流れをいう。消費者の需要に合わせ，多頻度小口，短いリードタイムでの配送がなされている。

少量多頻度輸送
：限られた店舗スペースでの多数商品の販売及び鮮度を高めた販売を行うために，少ない量の商品を1日複数回に分けて納品する方法のことをいう。店舗が

保有する在庫量は少なくてすむ利点はあるが，品揃えや配送の回数は増え物流コストが高まる欠点もある。

静脈物流
：モノの流れを血液の循環に例え，消費者に供給されるまでのモノの流れを動脈物流というのに対し，消費された後の製品や容器・包装等の廃棄物を回収し，再資源化するための物流をいう。

ストックポイント (stock point)
：配送のための一時保管を主とする流通拠点をいう。配送センターと倉庫の中間的な機能を備えた施設である。高速道路のインターチェンジ，都市の周辺地域，港湾地域などに設けられている。ストックポイントは配送センターに比べると保管機能が大きく，中継的立地，機能を備えた流通倉庫の意味に用いられている。

ストックロケーションシステム (stock location system)
：倉庫内の品物の置き場所を決める方式をいう。品物を注文に従って能率よく入出庫するためには，品物の保管される場所と取り出し順序を決めておく必要がある。このため置き場（ロケーション）に棚番をつけ，例えばC倉庫7棚列第5連3段目の場合，C753と表示し入出庫指示を与える。手計算方式で管理する場合は一覧板とロケーションカードが利用される。自動倉庫ではコンピュータが使用され，ロケーション管理と同時に在庫管理，入出庫伝票作成などが能率よく行われる。

セル生産方式
：屋台生産方式ともいい，加工組立型の製造現場で，1組となった複数の作業員が部品の取り付けから組立，加工，検査などすべての工程を担当する生産方式。作業員は1人で複数業務を担当できる「多能工化」とすることが必要。消費者ニーズが多様化し，多品種少量生産が求められる業種に適合する。国内ではキヤノンがこの方式を採用していることで知られる。

ソーシャル・ロジスティクス (social logistics)
：モノの流れの最適化を求めるだけでなく，ロジスティクス活動のうち，個別企業が社会に与える不利益を排除するなど，公共部門が社会全体の最適化を目指すための活動をいう。

宅配・宅配便
：小口の荷物を顧客に輸配送すること。また，これを行う輸配送便のことを宅配便という。宅配便で扱う荷物は，事業者によって差異があるが，重量が30kgまたは，25kgまで，大きさが縦，横，高さの合計が170cm又は，160cm

以下のものとなっている。
ただし，スキーやゴルフ用具などは取り扱っている。

棚　番 (location number)
：保管棚は横並びに列，縦並びに連，連の上から下へ段で表示する。例えば563とあれば，5列目の棚の左から6連目の上から3段目の棚を示す。三次元表示の棚番は倉庫管理の基本原則である。

定期発注法 (regular order method)
：発注の間隔を決めて定期的に発注する方式をいう。定期発注法は金額単価の高い商品に適用され，発注のつど発注量が変わるのが特徴である。発注量は通常次ぎのように定める。

|(調達期間＋発注間隔)の需要量＋安全在庫|－在庫残

手持ち時間
：卸・小売業者の狭い荷扱場に集荷トラックが一定時間に集中して順番待ちが生じたり，メーカーの工場で生産の遅れからトラックが長時間待たされたり，空のまま返されたりするような，トラック労働が無駄に費やされる実労働時間のこと。物流現場での作業時間のロス現象で，労働時間短縮のネックとなっている。

デッドストック (dead stock)
：ライフサイクルの短い商品，陳腐化しやすい商品，回転の遅い商品などの在庫は過剰になると販売の機会を失する恐れがあり，いつまでも倉庫に保管されることになる。このような状態になった商品をデッドストックという。

デポ (depot)
：輸送を効率的に行うために設けられた集配の中継および配送所をいう。顧客サービスを目的としたものもある。一般に需要地に近い場所に位置しており，端末配送所ともいわれている。ここで取り扱われる貨物はディストリビューションセンターやトラックターミナルなどと連携して方面別にロット化されてシステム輸送されるケースが多い。

特別積み合せ (特積み)
：特別積み合わせの略。不特定多数の荷主から貨物を積み合わせること。この形態で輸送することを特積み輸送という。特積み輸送を行う場合は，「貨物自動車運送事業法」により許可が必要。特積み輸送の例として宅配便がある。

トレードオフ (trade off)
：一方のメリットを追求すると他方にデメリットが生じてくる関係。または，何かを採用する代わりに，何かを犠牲にすることをいう。

トンキロ(ton kilometer)
：貨物輸送量をあらわす仕事量の単位。輸送した重さと輸送距離を乗じる。トン数とトンキロ数を並べることで輸送機関別に運んだ量を比べることが可能になる。

荷役
：物流機能の1つ。積み込み，荷おろし作業のことでモードとノードの間で行われる。また施設内の荷役として横・縦持ち，置き換え，庫内作業，積み替えのことも指すが，これは流通加工と区別できない。

納品代行
：百貨店や量販店への納品にあたって，卸売業者などの発荷主が個々に店先に持ち込まず，輸送業者が多数の荷主の商品を集荷してまわり，配送センターで仕分けして，まとめて発荷主に代わって納品する形態をいう。この代行業務は集配だけでなく検品，値札付け，品揃えなどの作業も代行している。店頭の混雑防止や受入れ業務の簡素化など発着双方にメリットがある。

ノード(node)
：一般的には交点，結節点という意味。ロジスティクスでは交通の3要素(ノード，リンク，モード)の1つで交通結節点のこと。工場から倉庫，流通センター，店舗，住宅へ商品が流れていくときにそれぞれの施設をノードという。物流機能でいうと，保管・流通加工・包装機能がノード機能を指す。

バーコード(bar code)
：バーとは「棒」のことで，バーの太さやバーとバーの間隔により数字などの記号を表現したもの。バーコードの種類にはJAN，ITF，CODE-128，CODE-39，NW-7がある。

配送ルート走行時間
：小口貨物配送について最初の集配先到着から最終の集配先での作業完了までに要した時間。これに端末走行時間(stem driving time)を加えたものを総走行時間(total driving time)という。

ハブ・アンド・スポーク(hub and spoke)
：空港や港の路線ネットワークの形状を表す言葉であり，ある拠点となる空港や港(ハブ)を軸に，自転車のスポークのように地方に放射線状に広がっているネットワークのことをいう。

バリューチェーン
：企業が顧客に商品やサービスを提供するまでの事業プロセスの全体を，一連の付加価値のつながりとして捉える考え方。マイケル・ポーターが提唱したも

ので，顧客への価値提供に直接関係する5つの主活動（「購買物流」「製造」「出荷物流」「販売・マーケティング」「サービス」）と，それを支える4つの支援活動（「調達活動」「技術開発」「人事・労務管理」「全体管理」）とによって構成される。自社及び他社の競争優位性を生み出している業務の内容把握や，業務プロセスにおける改善余地の把握，既存事業と差別化されたビジネスモデルの検討等に活用できるフレームワークである。

パレット（pallet）
：荷物の保管，構内作業，輸送のために使用される荷台である。木製やプラスチック製がある。サイズは，国によって企業によって様々であるが，日本は1970年JIS（日本標準規格）によって，T11（1100×1100×144mm）が定められた。

ピギーバック（piggyback system）
：鉄道の台車にトレーラやコンテナまたはトラックそのものを積載して輸送する方式である。積み込まれたトラックの姿が豚の背中に見えたことから，米国でこの呼称となった。日本ではトレーラやコンテナを積載して輸送（コンテナ輸送）と区別して，トラックを積載して輸送する方法をピギーバック輸送と呼ぶ場合もある。

ピッキング（picking）
：受注した商品を保管場所から取り出す作業のことである。ピッキングの方法には，出荷指示の内容や量に応じて，ある商品・物品をまとめて取り出し，その後，出荷先別に仕分ける「種まき方式」と，出荷先別に必要な数量だけを順に棚から取り出して出荷する「摘み取り方式」がある。

フォワーダー（forwarder）
：荷主と輸送会社を結び付けて，ドア・ツー・ドア（door-to-door）輸送を行う業者である。具体的には，自動車運送取扱業，通運事業，利用航空運送事業，航空運送取扱業，内航運送取扱業などがある。

物流拠点
：貨物の収受，積替え，保管，発送を行う場所で，国や地域あるいは企業などの物流の中心的役割を果たす箇所の総称である。港湾，空港，貨物駅，トラックターミナル，コンテナターミナルなど主として社会資本によって整備されるものと，流通倉庫，配送センター，ストックポイントなど企業ベースで設置されるものがある。

物流二法
：1990年に施行された，トラック運送業を対象とした貨物自動車運送事業法と

貨物利用運送事業法（旧貨物運送取扱事業法）の2つの法律を指す。これらの法律によって運賃・料金とトラック運送業参入が規制緩和された。

物流三法
：物流二法に鉄道事業法を加えた3つの法律を指す。2003年に改正施行された。物流2法から罰則・監査制度が強化される一方で更に規制緩和が行われ，それによって運賃の上限認可制や事前届出制と，営業区間規制が廃止された。

ブルウィップ効果
：需要の最終段階における需要変動が，流通経路の上流段階にさかのぼるに従って増幅されて伝わり，より大きな需要変動として認識され，在庫が積み増される現象のこと。流通経路の各段階で，需要変動を見越した安全在庫を加えて上流段階への発注が行われることにより派生する現象である。「ブルウィップ」とは牛の鞭を意味し，鞭を振るう手元の小さな動きが，鞭の先端では大きなしなりとなることが由来となっている。

プロセスセンター (process center)
：生鮮食品などの商品を加工するセンターのこと。他にも値札付けや包装も一括して行う。プロセスセンターを活用することにより，店の調理場や商品を保存するための冷蔵庫などのスペースを削減できる。

プロフィットセンター (profit center)
：管理会計上の利益を生み出す部門のこと。利益に対する責任が課される。コストセンターと対比して考えることができる。

返品物流
：一度納入または購入された商品が，何らかの理由によって返品される際に発生する物流をいう。これによる発生する問題として，輸送コストの上昇や環境負荷の発生などがある。

マテハン (material handling)
：マテリアルハンドリングの略で，物の運搬，取扱いを指す。荷役作業において人手ないし簡易な道具を用いて行う作業のことで商品の取扱いを減らすことを目的とする。

ミルクラン (milk-run system)
：メーカーによる部品調達の物流手法の1つ。工場を出発したトラックが一定の順番で部品メーカーを巡回，部品を集める方法である。欧米でミルクを売る商人が牧場を回ってミルクを集めたことから，ミルクランと呼ばれている。

モーダルシフト (modal shift)
：現在使用している交通機関を変更すること。現在，環境保全・労働問題の一

環としてトラックから海運や鉄道にモードをシフトさせることが検討されている。しかしトラックと他の交通機関との接点となるターミナルの整備が必要である。

モード (mode)
：一般的には方式，様式，形式という意味で使われる。ロジスティクスでは交通の3要素(ノード，リンク，モード)の1つで交通機関のこと。ノード機能とモード機能の間で生じる機能が物流機能いうと荷役機能である。

モジュール (module)
：測定の基準。他の構成要素と組み合わせて使用できるように設計された連続機能単位の1つであり，業務の効率化及び標準化を行うために各種要素のサイズを数値的に関連づけるための基準尺度である。

ユニット・ロード (unit load)
：個々の輸送物品をある単位にまとめた状態をいう。個々の荷物を大量に扱う場合，コンテナ・パレット・容器でまとめ，1つの貨物とすることによって，荷役や輸送の効率化が求められる。

横持ち
：一般に，鉄道駅，トラックターミナル，倉庫，コンテナヤード，工場構内などで，人力あるいは移送用機器を使用して貨物を必要な箇所に運ぶことである。鉄道の場合には貨車までのコンベヤ輸送を横持ちと呼ぶこともある。さらに，配送の場合などで，配送車から最終需要者の窓口までの手持ち運搬を横持ちといい，そのうちビル等への垂直移動を縦持ちということがある。

ライン生産方式
：流れ生産ともいい，特定の品種の生産のための専用ラインを設置し，連続的に繰り返し生産する方式である。分業が最高度に発達した方式で，生産性が比較的高い。専用のラインを設置しても採算が取れるだけの需要があり，各工程をいくつかの作業に明確に分割できる場合に有効な生産方式である。

リードタイム (lead time)
：商品の発注から納品までにかかる時間であり，受発注時間(発注者が受注者に発注内容を伝達し，その情報を受注者が処理する時間)，施設内作業時間(受注者が，生産，流通加工，包装，荷役などを行う時間)，輸配送時間(商品を発注者に届ける時間)の3つから構成される。

流通加工
：物流機能の1つ。商品を輸送や保管する場合に，商品の付加価値を高めることや，商品を管理するために簡単な作業や細かな移動のことを指す。加工作

業・生産加工・販売促進加工に分類される。

リンク(link)
：一般的にはつなぐこと，連結することの意味。ロジスティクスでは交通の3要素(ノード，リンク，モード)の1つで交通路のこと。ノードの間にあるもの。物流機能でいうと輸送機能がリンク機能を指す。

ロジスティクス(logistics)
：調達・生産・販売・消費を考えながら，顧客のニーズに適合させて，原材料の仕入れから半製品や完成品の効率的な流れを計画，実施，管理すること。このとき，必要な商品や物資を，適切な時間・場所・価格・品質・量で，できるだけ少ない費用で供給しようと考えることをいう。

ロット(lot)
：材料と工程と製造時期が同じ貨物をまとめた単位。これは，生産するときのロットであるので，生産ロットという。他にも，購入ロット・出荷ロットなどの使い方をする。

〈欧　語〉 ABC順配列

ABC分析
：在庫品目別に最適な管理方法を検討する際の分類手法の1つであり，縦軸に管理特性値(在庫量，在庫金額，出庫量等)の累計比率をとり，横軸に品目の比率をとりプロットする。重要度の高いものからA，B，Cの3ランクに分類し，ランク別対応方法の検討に利用される。

ASN(Advanced Shipping Notice)
：事前出荷明細送付。商品が入庫あるいは納品される前に，何のアイテムが何個納品されるという情報を相手先へ送付すること。荷受け場での検品作業が軽減され，作業効率が向上する。

B/L(Bill of Landing：船荷証券)
：運送人(主に船会社)と荷主との運送契約に基づいて貨物を受け取り，船積みしたことを証明する書類である。貨物の所有権を書面化した有価証券であるため，船会社から貨物を受け取るときにこの書類を提示する必要がある。

BSC(Balance Score Card)
：業務実績の評価手法で，4つの視点でバランスが取れた業務を目標とする。4つのバランスとは，①財務的業績評価と非財務的業績評価のバランス，②結果指標と先行指標のバランス，③利害関係者間のバランス，④短期目標と長期

目標のバランスである。なお，どの目標といっても徹底的に定量化（スコア）することが特徴である。

CL貨物（Car Load cargo, Container Load cargo）
：貨車1台又はコンテナ1個を単位として輸送される大口貨物をいう。特にコンテナ詰貨物は，欧州同盟系の船会社ではFCL（full container load cargo）ともいう。

CLO（Chief Logistics Officer：最高ロジスティクス管理責任者）
：企業のロジスティクス戦略全般の責任を担う役員である。企業内でロジスティクスの重要性を認識し，CEO（chief executive officer：最高経営責任者）とは別にロジスティクス戦略の計画から実行を管理する責任者である。

CRP（Continuous Replenishment Program：連続補充方式）
：ベンダー主導型の在庫管理で，POSデータから消費者が購入した分だけ補充するシステムである。小売店舗の在庫が減少した場合，次に納入される日までの需要予測を行い，それに対応した量を機械的に補充する。

CRM（Customer Relationship Management）
：情報システムを活用して企業が顧客と長期的な関係を築く手法である。顧客の商品売買や問い合わせ又はクレームなど，個々の顧客とのすべてのやり取りを一貫して管理することによって，顧客の利便性と満足度を高め，顧客を常連客として囲い込んで収益率の極大化を図ることを目的としている。

CSCMP（Council of Supply Chain Management Professionals）
：アメリカのSCM専門家協会。前身は，1963年に設立したNCPDM（National Council of Physical Distribution Management）であるが，1985年CLM（Council of Logistics Management）に改名し，また2005年に現在のCSCMPとなった。

CSR（Corporate Social Responsibility：企業の社会的責任）
：経営・事業活動に関係する様々な問題に対して企業が果たすべき責任や行動内容を明確化し，それを利害関係者（顧客・取引先・従業員・株主および金融機関・地域住民等）に適切に伝達することによって，社会発展への貢献と企業価値の向上を目指す継続的な取組みである。

DC（Distribution Center）
：在庫型センター。センター内に在庫を持ち，各店からの発注に応じてピッキングし，出荷する。

ECR（Efficient Consumer Response）
：ECRとは，消費者のニーズへの対応を目的として，メーカー，卸業者，小売業者が連携し，流通システム全体を効率化しようとする取り組みのこと。1992

年にアメリカの食品産業界で誕生した，生産から販売までのサイクルを短縮するクイックデリバリー，商品在庫を抑えることでの低コスト化を推進する考え方．消費者を基点とした，製品補充，販売促進，品揃え，新製品導入の効率化を目指している．

EDI（Electronic Data Interchange）
：電子情報交換のこと．異なる企業間を通信回線で結び，広く合意された標準規約に基づき，企業間の取引に関する情報を交換する仕組みのこと．

ERP（Enterprise Resource Planning：経営資源計画）
：企業の各々の業務の壁を越えて企業全体を統合的に計画・管理し，人・物・金などの経営資源を有効活用することで，経営の最適化を図るための手法である．そしてERPを実現するための情報システムパッケージを単にERPと呼ぶ場合もある．

ETC（Electronic Toll Collection system）
：有料道路自動料金収受システム．料金所のアンテナとクルマに装着した車載器との間で，無線通信により，料金支払いに必要な情報がやりとりされ，支払いを自動的に行う．このシステムを導入することにより，料金所で，クルマを停めずにスムーズに通過できるようになることにより，料金所渋滞が解消に向かうと考えられている．

FEU（Forty Foot Equivalent Units：40フィートコンテナ換算）
：コンテナの単純合計個数で表示する代わりに，20フィートコンテナ1個を0.5とし，40フィートコンテナ1個を1とし，コンテナ取扱貨物量を表示する計算方法である．（cf. TEU）

GIS（Geographic Information System：地理情報システム）
：地理的位置を手がかりに，位置に関する情報を持ったデータを総合的に管理・加工し，視覚的に表示し，高度な分析や迅速な判断を可能にするシステムである．

GPS（Global Positioning System：汎地球測位システム）
：米国国防省によって運用されている人工衛星から電波を受信することにより，世界中どこでも，いつでも，位置情報を得ることができるシステムである．GPSを利用すると，貨物の現在位置がわかるため，貨物管理に有用である．

IATA（International Air Transport Association：国際航空運送協会）
：1945年にオランダのハーグで結成された世界の民間定期航空会社の団体で，国際航空運賃の決定や会社間の運賃貸借の決済を行う．航空券事務のため，アルファベットと数字の組み合わせであるIATAコードを空港，都市，航空会社

などに割り当てる。

ICタグ (Integrated Circuit tag)
：IC(集積回路)を組み込んだタグのこと。非接触ICタグとも呼ばれている。読み取りが比較的自由であり，見えない位置からの読み取りも可能である。

ITS (Intelligent Transport Systems)
：自動車と道路交通環境を統合的に情報化することによって，安全性と快適性を求める交通システムである。情報通信技術を用いて，人と道路と車両とをネットワーク化することにより，交通事故や渋滞などの道路交通問題を解決する。

JAN CODE (Japanese Article Number)
：共通シンボルコードのことで，バーコードの一種。4種類の太さのバーとスペースで構成され，13桁のものと8桁のものがある。

JIT (Just In Time：ジャストインタイム)
：トヨタ自動車の生産方式であったが，今は全世界で広まっている。生産工程において「必要なタイミングに，必要なものを，必要なだけ作る」という考え方である。JITの目的は，部品などの在庫を減らし，製品の完成までのリードタイム(期間)を短縮すること。

LCL貨物 (Less than Car Load cargo, Less than Container Load cargo)
：貨車1台又はコンテナ1個に満たない小口貨物をいう。LCL貨物は輸送業者に直接引き受けられる場合もあり，運送取扱人によって貨車又はコンテナの単位に集約され，混載として運送される。

NVOCC (Non-Vessel-Operation Common Carrier)
：輸送手段を持っていない海上貨物輸送業者で，定期船を運航する船会社と対比される。運賃が安い2つ以上の運送手段を組み合わせ，複合一貫輸送サービスが提供できることが強みである。日本では，国土交通大臣の許可が必要である。

OD表 (Origin Destination table)
：どこからどこへ，どれだけの貨物が流動するかを表にしたもの。地域，又は施設の相互間の貨物輸送数量，輸送件数，自動車交通量などの発着量を表す。地域間OD表，施設間OD表，また業種間OD表などが使われている。

POSシステム (Point Of Sales system)
：販売時点情報管理システムのこと。商品の単品ごとの販売状況を瞬時に把握することができる。

QR (Quick Response)

：クイックレスポンスのことでコンピュータを使用した商取引の方法。商品の受発注を迅速かつ確実に行うことにより、消費者ニーズにあった商品を迅速に供給することができる。

RFID (Radio Frequency Identification)

：非接触認識システムのこと。無線を利用したICタグ。IC（集積回路）チップを埋め込んだIDタグと、それを読み取ったり、書き込んだりするリーダー・ライターから構成されている。

SCM (Supply Chain Management：サプライチェーン・マネジメント)

：原材料の調達から完成品の消費を結び、一括して計画・管理する経営手法である。関連企業が情報を共有し、生産管理や在庫管理に生かすことで関連企業の全体最適化を目指す。例えば、店頭で売れている商品を生産者が把握できれば、生産管理ができる。

SKU (Stock Keeping Unit：在庫保管単位)

：在庫を管理するための単位であり、アイテムの個数そのものとは異なる。例えば、衣料品では、同じ品目でも色やサイズが異なったものがあるが、色やサイズを区別して管理するためにSKUを使う。

TC (Transfer Center)

：通過型センター。センターに搬入された商品をなるべく早く、仕分けし、配送業務を行うことを目的としている。卸業者より納品された商品をその日のうちに仕分し、出荷させる物流センター（在庫を持たない）をいう。

TEU (Twenty foot Equivalent Unit：20フィートコンテナ換算単位)

：コンテナを単純合計数で表示する代わりに、20フィートコンテナ1個を1、40フィートコンテナ1を2として、コンテナ取扱貨物量をこの数値の合計で表示する計算方法である。コンテナ船の積載容量も一般にTEUで表示さる。

TOC (Theory Of Constraints)

：制約理論。1984年に、ゴールドラット博士は「The Goal」という工場改善物語を出版し、その中でTOC理論を公開した。

VAN (Value Added Network)

：付加価値ネットワークのこと。通信回線を所有する第一種電気通信事業者から専用に回線を借り入れて、付加価値をつけて提供するサービスのこと。

VC (Value Chain)

：マイケル・ポーター教授が提唱。企業活動を、技術的・経済的な意味で区分できる複数の活動に分割し、これを「勝ち活動」と呼ぶ。それぞれの勝ち活動

を結びつけたものがバリューチェーン【価値連鎖】である。ここでポーターの言う価値活動は，製造，販売などを指す。

VMI（Vender Managed Inventory：ベンダー管理在庫方式）

：ベンダーが需要予測を行い，小売業者の販売状況や在庫状況を把握し，小売業者の在庫を補充する。そのため，小売業者は発注業務を行わない。

WMS（Warehouse Management System：倉庫管理システム）

：入庫・出庫のデータを管理するために，情報システムの内で，倉庫内業務だけを切り分けて管理するシステムである。主に「在庫の把握」と「作業の支援」という2つの問題を解決する仕組みとなっている。

XML（Extensible Markup Language）

：インターネット上でデータの交換に使われる，つまり文書やデータの意味や構造を記述するマークアップ言語の1つである。マークアップ言語とは，「タグ」と呼ばれる文字列で地の文に構造を埋め込んでいく言語のことで，XMLはユーザが独自のタグを指定できることから，マークアップ言語を作成するためのメタ言語ともいわれる。

参考文献

天田乙丙〔2001〕『港運がわかる本』成山堂書店。
市来清也〔1996〕『港湾管理論』成山堂書店。
井上雅之〔1998〕『よくわかる航空業界』日本実業出版社。
今岡善次郎〔1999〕『サプライチェーンマネジメント』工業調査会。
(一財)運輸政策研究機構編〔2014〕『数字でみる鉄道』。
忍田和良〔2000〕『日本のロジスティクス』中央経済社。
カーゴニュース編〔1998〕『現代のトラック産業』成山堂書店。
加藤書久〔2002〕『倉庫業のABC』成山堂書店。
菊池康也〔2000〕『ロジスティクス概論』税務経理協会。
苦瀬博仁・高田邦道・高橋洋二編著〔2006〕『都市の物流マネジメント』日本交通政策研究双書, 勁草書房。
来見田寛〔1998〕『航空貨物輸送の実務』成山堂書店。
国土交通省港湾局監修〔2017〕『数字でみる港湾』(公社)日本港湾協会。
國領英雄編著〔2001〕『現代物流概論』成山堂書店。
コパチーノ, W. C.〔1998〕「4PL(フォースパーティロジスティクス)」(アクセンチュア)『流通設計』1998年3月, 輸送経済新聞社。
齊藤実〔1999〕『よくわかる運輸業界』日本実業出版社。
齊藤実〔2001〕『物流用語の意味がわかる辞典』日本実業出版社。
齊藤実〔2003〕『よくわかる物流業界』日本実業出版社。
齊藤実〔2005〕『3PLビジネスとロジスティクス戦略』白桃書房。
みずほコーポレート銀行産業調査部編著〔2005〕『2005年度の日本産業動向』。
㈱ジェイアール貨物リサーチセンター〔2004〕『日本の物流とロジスティクス』成山堂書店。
塩見英治・齊藤実〔1998〕『現代物流システム論』中央経済社。
商船三井営業調査室〔2005〕『定期海運の現状2004/2005』商船三井。
商船三井営業調査室〔2006〕『定期海運の現状2005/2006』商船三井。
全日空広報室〔1995〕『エアラインハンドブックQ&A100』ぎょうせい。
武城正長・國領英雄〔2005〕『現代物流』晃洋書房。
知念肇〔2006〕『新時代SCM論』白桃書房。
中田信哉〔1994〕『明日の宅配便市場』成山堂書店。
中田信哉・湯浅和夫・橋本雅隆・長峰太郎〔2003〕『現代物流システム論』有斐閣アルマ。
(財)日本海事広報協会〔2010〕『数字でみる日本の海運・造船2010』。
(公財)日本海事広報協会〔2017〕『SHIPPING NOW 2017-2018(データ編)』。

〈https://www.kaijipr.or.jp/shipping_now/〉。
日本貨物鉄道（株）〔2003〕『JR貨物要覧』。
日本関税協会〔2004〕『外国貿易概況』（2004年版）。
（一社）日本物流団体連合会〔2017〕『数字でみる物流』。
（社）日本ロジスティクスシステム協会監修〔2000〕『基本ロジスティクス用語辞典』白桃書房。
平田義章〔2007〕「輸送とロジスティクスの世界市場」『KAIUN』2月号，日本海運集会所。
物流問題研究会監修〔2001〕『2001日本物流年鑑』ぎょうせい。
古市正彦〔2005〕『港湾の競争戦略』運輸政策研究機構。
桝本哲郎・小須田英章〔2005〕『よくわかる鉄道業界』日本実業出版社。
三木楯彦・市来清也〔2005〕『倉庫及び港湾産業論』成山堂書店。
森隆行〔2001〕『外航海運とコンテナ輸送』鳥影社。
森隆行〔2016〕『外航海運概論』成山堂書店。
森隆行〔2004〕「世界の物流企業」『KAIUN』日本海運集会所。
矢野経済研究所〔2003〕レポート『注目される3PL市場の事態と将来展望』。
山岸寛〔2004〕『海上コンテナ物流論』成山堂書店。
湯浅和夫〔2003〕『物流管理ハンドブック』PHP研究所。
Bowersox, D. J., D. J. Closs and M. B. Cooper〔2002〕, *Supply Chain Logistics Management*, McGraw-Hill.（松浦春樹・島津誠訳者代表〔2004〕『サプライチェーンロジスティクス』朝倉書店。)
Christopher, M.〔1992〕*Logistics and Supply Chain Management*, 5th ed., FT Publishing.（田中浩二監訳/e-Logistics研究会訳〔2000〕『ロジスティクス・マネジメント戦略—e-ビジネスのためのサプライチェーン構築手法』ピアソン・エデュケーション。)
Containerisation International〔2012〕『Containatisation International yearbook 2012』。
Drewry Maritime Research〔2017〕『Global Container Terminal Operators Annual Review and Forecast 2017』。
Simchi-Levi, E., D. Simchi-Levi and P. Kaminsky〔2009〕*Designing and Management the Supply Chain: Concepts, Strategies and Case Studies*, 3rd ed., McGraw-Hill/Irwin.（伊佐田文彦ほか訳〔2002〕『サプライ・チェーンの設計と管理：コンセプト・戦略・事例』朝倉書店。)
『日刊GARGO』海事プレス社。
『月刊ロジスティクス・ビジネス(LOGI-BIZ)』2005年6月，ライノス・パブリケーションズ。
『食料需給表　平成11年度』。
『林業白書　平成13年度版』。
国土交通省『海事レポート2017』〈http://www.mlit.go.jp〉。
（一社）日本船主協会〈http://www.jsanet.or.jp/seisaku/tax3.html〉。
（一社）日本長距離フェリー協会〈http://www.jlc-ferry.jp/〉
（株）商船三井〈http://www.mol.co.jp/〉

あとがき

　大学において，現代の物流と物流産業を教える必要性から本書が誕生した。生きた物流の本にすることを意図した。そこで本書では，主として物流のしくみと日本の物流業界の現状を中心に解説を試みた。したがって，拡大する物流アウトソーシングや3PL及びRFIDなど，物流業界における最新の動向についても触れることになる。

　物流業界は，他の業界と異なり，陸運（トラック，鉄道），海運，航空，倉庫など複数の業界の集合体である。また，その商品は，時間であり空間であるなど一般の商品と違い，抽象的でわかりにくい面を持つ。しかし，物流は私たちの生活になくてはならないものであり，常に，身近に存在するものである。

　物流の特徴の1つに，他の商品への従属性というものがある。このため，物流は，これまで常に，縁の下の力持ちであり，黒子的存在であった。しかし，20世紀後半頃から，物流が脚光を浴びるようになった。これまで企業経営の中心は生産・販売であり，物流は生産・販売に付随するものとして扱われてきた。しかし，今や，物流はロジスティクスと衣替えして，単なる機能から経営概念として重要視されるようになってきた。物流，ロジスティクスは「第3の利益源」ともいわれ，企業経営において注目を浴びることになった。「従来，物流は時代の黒子であった。今の時代は，物流企業が歴史の表舞台に出られる5千年に一度のチャンスである。」（『佐川急便再建3650日の戦い』財界研究所）とさえいわれるようになった。

　現在，企業経営にとって，サプライチェーンと，その重要な構成要素である物流及びロジスティクスの理解が欠かせない。

　本書の目的は，専門家だけでなくできるだけ多くの人が物流と物流業界を理解し，仕事や生活の中で役立てられるように，やさしく解説することにあった。書き終わってみると，まだまだ意を尽くせないことがいろいろと出てくる。ま

た，はたして本書が「現代の物流と物流業界」を充分に解説するものとして仕上ったのか不安もあった。今回，本書の改版の機会が与えられたのを機に，諸々のデータを新しく置きかえると同時に，アジアを中心とした国際物流の変化に言及するなど，一部書き加えた。

和文索引

〔あ行〕

ICタグ……………………………… 31, 45
アイドリングストップ………………… 44
アウトソーシング………33, 35, 40, 41, 45, 94-97, 174, 176, 179, 180-182
アセット型……………………… 175, 176
アライアンス……………… 109, 117, 167

一貫輸送サービス………………………… 163
5つの自由………………………………… 134
一般貨物自動車運送事業…………………… 56
インダストリアルキャリア……………… 101
インテグレーター……………… 28, 131-134, 163-167, 172, 173, 176

運送取次事業……………………………… 140

オーナー………………………… 8, 9, 99, 101
オープンスカイ…………………………… 135
オペレーター…………………… 8, 9, 99, 101
オンレールサービス………………………… 84

〔か行〕

カーゴフレイター………………………… 130
海運同盟…………………………………… 124
海上運送法………………………………… 100
可視化……………………………………… 45
カボタージュ……………………… 38, 105, 121
貨物運送事業者…………………………… 7
貨物運送取扱事業法…………… 42, 43, 59, 140
貨物軽自動車運送事業…………………… 56
貨物自動車運送事業法………… 42, 43, 59, 70, 72, 140
貨物利用運送事業法…………………… 140, 141
カンバン方式……………………………… 20

求荷・求車情報システム………………… 75
供給連鎖…………………………………… 18
共同配送…………………………………… 76
緊急雇用対策……………………………… 122

クーリエ・サービス……………………… 162
グリーン・ロジスティクス……………… 33
クロスドッキング………………………… 27

ケイレツ…………………………………… 20
結節点……………………………………… 23

航空貨物混載業者………………………… 141
航空貨物代理店…………………………… 132
航空憲法…………………………………… 136
高度道路交通システム…………………… 75
港湾運送事業法…………………………… 148
国際海事機関……………………………… 127
国際航空運送協会………………………… 135
国際航空宅配便…………………………… 162
国際宅配便………………………………… 163
国際宅配便事業…………………………… 163
国際宅配便市場…………………………… 72
国際複合一貫輸送………………………… 10
国際民間航空機関………………… 134, 135
コストセンター…………………………… 153
コモンキャリア………………………… 101, 176
混載運送事業者…………………………… 145
混載貨物…………………………………… 164
コンソリデーティッドカーゴ…………… 164
コンテナ…………………………………… 10
コンテナ・ターミナル………… 93, 147, 149, 150, 155, 156, 158, 160
コンテナ・ターミナルオペレーター…… 150
コンテナ船…………… 100, 101, 104, 110, 156

〔さ行〕

サードパーティロジスティクス ………… 36
サプライチェーン …………… 13, 18, 20-22,
　　　　　　　　　　　　　30, 48, 94, 95, 109
サプライチェーン・マネジメント …… 18

シカゴ条約 ………………………………… 135
シカゴ体制 ………………………………… 135
事前出荷明細 ……………………………… 27
シックス・シグマ ……………………… 45, 46
自動料金収受システム …………………… 75
車扱 …………………………………… 10, 81
小運送 ……………………………………… 60
消費者物流 ………………………………… 7
静脈物流 …………………………………… 33
仕分け ………………………………… 27, 95

スーパーレールカーゴ …………………… 84
スクラップ・アンド・ビルト方式 …103, 105
スクラバー ………………………………… 128
スター型 ……………………………… 27, 28
スピードリミッター ……………………… 44
スモール・パッケージ・サービス ……… 162
3PL ………………… 30, 35-38, 40, 76, 94,
　　　　　　　　　　　95, 97, 138, 164, 174-182

制約理論 …………………………………… 20
船腹調整事業 ………………… 9, 42, 102-105

〔た行〕

ターミナルオペレーター
　　　………………………… 150, 152, 153-156
第1次オイルショック …………………… 61
第2次オイルショック …………………… 98
大運送 ……………………………………… 60
タイム・デフィニット・サービス …… 166
宅配便 …………………………… 7, 32, 69, 72
ダブル・トラッキング ………………… 137

通運 ………………………………………… 14

定期船 ……………………………… 100, 113
定期船部門 ……………………………… 114
鉄道事業 ………………………………… 82
鉄道事業法 ………………………… 43, 59

ドア・ツー・ドア ……… 84, 113, 163, 167
ドア・ツー・ドア・サービス …… 132, 133,
　　　　　　　　　　　　　　　　140, 141
ドア・ツー・ドアの一貫輸送 ………… 166
ドア・ツー・ドア輸送 ………………… 162
道路交通情報通信システム ……………… 75
「特積み」以外の一般トラック運送事業 … 56
特積事業者 ………………………………… 7
特定貨物自動車運送事業 ………………… 56
特別積み合せ …………………………… 7
特別積み合せ貨物運送 ………………… 68
特別積み合せ貨物運送事業 …………… 56
特別積み合せ貨物運送事業者 ………… 57
特別積み合せ運送事業 ………………… 65
特別積み合せ事業 ……………………… 69
トラックターミナル ……………………… 3
トランシップ …………………………… 159
トランパー …………………………… 100, 113
トリプル・トラッキング ……………… 137
トレードオフ …………………………… 32
トンキロ ……………… 4, 6, 8, 9, 55, 56, 59, 61,
　　　　　　　　　　62, 74, 78, 80, 82, 98, 130
トン数標準課税制度 …………… 121, 124, 125
トンネージ・タックス ………………… 124

〔な行〕

内航運送業 ……………………………… 101
内航運送事業者 ………………………… 8, 99
内航海運運送業 ………………………… 102
内航海運業法 …………………… 100, 102, 104
内航海運組合法 ………………………… 102, 104
内航海運暫定措置事業 ……… 9, 42, 103-105
内航船舶貸渡業 …………………… 101, 102
内航船舶貸渡業者 ……………………… 8, 99
内航二法 …………………………… 9, 102, 104

ニクソンショック ……………………… 61

荷役……………………………… 10, 13, 14, 35, 87
入庫………………………………………………… 27

燃料価格変動調整金………………………… 107

納品代行業務…………………………………… 76
ノード………………………………… 23-25, 27, 28
Nox・PM法……………………………………… 44
ノンアセット型………………………………… 175

〔は行〕

バス型……………………………………………… 27
ハブ・アンド・スポークシステム
　………………………………………… 28, 29, 164
パレット…………………………………………… 93
バンカー・サーチャージ…………………… 124
販売時点管理…………………………………… 32

ピアツーピア型………………………………… 27
ピッキング………………………………… 27, 95

フィーダー…………………………………… 160
フィーダー網………………………………… 159
フィーダー輸送……………………………… 101
フォワーダー………………………… 14, 138-142,
　　　　　　　　　　　　　　144, 145, 162-165
複合一貫輸送……………………… 84, 113, 162
複数輸送モード………………………………… 37
物的流通…………………………………… 29, 31
物流三法……………… 42, 43, 58, 59, 140, 141
物流チャネル…………………………………… 25
物流二法………………………… 42, 56-59, 63,
　　　　　　　　　　　　　　 65, 69, 103, 140, 141
不定期船…………………………… 100, 101, 113
不定期船部門………………………………… 114
船荷証券………………………………………… 16
プラザ合意……………………………… 63, 109, 116
プロフィットセンター……………………… 153

兵站………………………………………… 29, 30, 33

ベリー輸送…………………………………… 130
便宜置籍船………………………… 112, 113, 120, 121
POSシステム…………………………………… 32

〔ま行〕

マイケル・ポーター…………………………… 20
メール便………………………………… 69, 72, 73
メッシュ型………………………………… 27, 28
モーダルシフト………………… 32, 105, 107, 108
モード…………………………………… 23-25, 37

〔や行〕

輸送活動量……………………………………… 8, 98
ユニット・ロード……………………………… 93
ユニット・ロード・システム……………… 113

四五・四七体制……………………………… 136

〔ら行〕

ライナー……………………………… 100, 113
リードタイム………………………… 22, 25, 26
リーン・ロジスティクス………………… 45, 46
流通加工……………………… 10, 14, 35, 76, 87, 95
利用運送業者……………………… 14, 138, 140
利用運送人……………………………………… 145
利用航空運送業……………………………… 133
利用航空運送業者……………………… 132, 141
リンク………………………………… 23-25, 27
リング型………………………………… 27, 28
ロールオン・ロールオフ………………… 100
ロケーション…………………………………… 25
ロジスティクス…………… 12-14, 17, 19, 20, 22,
　　　　　　　　　　　23, 25, 29, 30-33, 46, 95, 97, 179
RORO船……………………… 10, 84-86, 100, 101, 104

欧文索引

advanced shipping notice 27
ASN 27

B/L 16
BOT 155
build, operate and transfer 155

CLM 30, 37
CNG 44, 74
Council of Logistics Management 30, 37
Council of Supply Chain Management Professionals 30
courier service 162

E&S 84
ECR 20
effective & speedy container handling system 84
ETC 75

FAZ 94

IATA 135
ICAO 134, 135
IMO 127
Intelligent Transport System 75
ITS 75

JIT 27
just in time 27

link 23
LNG 114

M&A 45, 109, 152, 155

modal-shift 32

node 23
non-vessel-operating common carrier 138
NVOCC 138, 144, 145

ODA 48

PFI 149
Physical Distribution 12, 29, 31
point of sales 32
public finance initiative 149

QR 20

RFID 45

SCM 18, 19, 21, 22, 33
six sigma 45
small package service 162
SPS 162
Supply Chain 33

TEU 110
third party logistics 36, 174
Third Party Provider 30, 37
time definite service 166

VC 20
VICS 75
visibility 45
VLCC 114

Warehouse Management System 95
WMS 95

〈著者紹介〉

森　隆行（もり・たかゆき）

〈略　歴〉
1952年　徳島県生まれ（5月11日）
1971年　大阪市立大学商学部入学
1975年　同大学卒業
1975年　大阪商船三井船舶㈱入社
1997年　MOL Distribution (Deutschland) GmbH
　　　　旧社名　AMT freight GmbH Spedition (出向) 社長
2001年　㈱丸和運輸機関 (出向) 海外事業本部長
2004年　㈱商船三井営業調査室主任研究員
2006年　㈱商船三井退職
2006年　流通科学大学商学部教授
　　　　現在に至る

〈主要著書〉
大阪港150年の歩み（晃洋書房），水先案内人（晃洋書房）
外航海運のABC（成山堂書店），外航海運とコンテナ輸送（鳥影社）
外航海運概論（成山堂書店），豪華客船を愉しむ（PHP新書）
戦後日本客船史（海事プレス社）〈住田正一海事奨励賞受賞〉
ラインの風に吹かれて（鳥影社）
神戸客船ものがたり（神戸新聞総合出版センター）〈住田正一海事奨励賞受賞〉，コールドチェーン（晃洋書房）
物流の視点からみたASEAN市場（カナリアコミュニケーションズ）

```
平成19年11月20日　初　版　発　行
平成21年 3月19日　初版 2 刷発行
平成25年 9月18日　改 訂 版 発 行　　　《検印省略》
平成30年 3月30日　第 3 版 発 行　　　略称：現代物流(3)
```

現代物流の基礎〔第3版〕

著　者　　森　　隆　行
発行者　　中　島　治　久

発行所　　同文舘出版株式会社
東京都千代田区神田神保町1-41　〒101-0051
電話 営業 (03)3294-1801　　編集 (03)3294-1803
振替 00100-8-42935　http://www.dobunkan.co.jp

　　　　　　　　　　　　　　　　印刷：広研印刷
©T. MORI
Printed in Japan 2018　　　　　　　製本：広研印刷

ISBN978-4-495-64173-3

JCOPY〈出版者著作権管理機構 委託出版物〉
本書の無断複製は著作権法上での例外を除き禁じられています。複製される場合は，そのつど事前に，出版者著作権管理機構（電話 03-3513-6969，FAX 03-3513-6979, e-mal: info@jcopy.or.jp）の許諾を得てください。